KLIMA IST FÜR ALLE DA

Wie 60 junge Menschen
uns dazu inspirieren,
die Welt zu retten

HERAUSGEGEBEN VON
AKSHAT RATHI

KLIMA
ist für
ALLE DA

Wie 60 junge Menschen,
uns dazu inspirieren,
die Welt zu retten

Mit einem Vorwort von der
deutschen Klimaaktivistin Raina Ivanova

Deutsch von Larissa Rabe

blanvalet

VORWORT VON RAINA IVANOVA

16-jährige Klima-Aktivistin aus Hamburg

Man wusste es schon vor Jahrzehnten: Der menschenge-machte Klimawandel ist keineswegs eine neue Entdeckung, und dennoch mussten wir bis 2015 warten, um nötige Ab-kommen wie das Pariser Klimaabkommen zu etablieren. Für meine Generation und zukünftige wird dies verheerende Fol-gen haben.

Aber der Klimawandel ist nicht länger nur eine Krise der Zukunft. Wir sind alle bereits betroffen, doch manche leiden stärker unter den Folgen des Klimawandels als andere. Men-schen, die ohnehin schon durch soziale Ungleichheit und Diskriminierung benachteiligt sind, tragen am meisten Scha-den davon, wenn Naturkatastrophen auftreten. Nichtsdesto-trotz versagen Politiker*innen dabei, verantwortungsvolle und nachhaltige Entscheidungen zu treffen. Laut dem Inter-governmental Panel on Climate Change (IPCC) ist radikales Handeln bis 2030 erforderlich, um die schlimmsten Folgen des Klimawandels zu verhindern. Die bisherigen Maßnah-men, um die Erderwärmung auf deutlich unter 2 Grad Celsi-us, im Idealfall 1,5 Grad Celsius zu beschränken, reichen hier nicht aus. Es ist sofortiges und weitgreifendes Handeln gefragt, denn die Auswirkungen des Klimawandels sind längst spürbar, wenn Ernten ausfallen, Hurrikane Städte verwüsten und Tausende Menschen deshalb ihre Heimat verlassen müssen. Um weitere Konsequenzen wie diese zu vermeiden, sind wir alle gefragt.

Im August 2018 hat Greta Thunberg sich entschlossen, zum ersten Mal vor dem schwedischen Parlament zu streiken, um auf den Klimawandel aufmerksam zu machen. Ihre Geschichte ist um die Welt gegangen und hat Millionen Menschen inspiriert. Einige Monate später war der erste globale Klimastreik angemeldet, bei dem über 1,4 Millionen Menschen auf die Straße gingen, um Klimagerechtigkeit einzufordern. Eine globale Bewegung wurde neu erfunden, in der vor allem wir – die junge Generation – für Klimaschutz einstehen und angebrachte Gesetzgebungen fordern.

Obwohl die Bewegung in kurzer Zeit globales Ansehen erlangt hat, musste sie in den letzten Monaten ihr Durchhaltevermögen unter Beweis stellen: Angesichts der Coronapandemie wurde der Klima-Aktivismus seines wichtigsten Mediums beraubt: der öffentlichen Zusammenkunft. Die Krise hat die Bewegung genauso getroffen, wie uns alle persönlich. Doch was uns die Klimakrise gelehrt hat, ist, dass Wissen zentral ist. Aktuell wenden wir das Wissen an, dass die Coronakrise als eine Krise erkannt und behandelt werden muss. Also haben auch wir Jugendliche die nötigen Maßnahmen befolgt und sind zu Hause geblieben. Das heißt nicht, dass der Klimawandel bei uns nun an zweiter Stelle kommt, sondern, dass uns Jugendlichen bewusst ist, dass jede Krise ernst genommen werden muss.

Während wir zu Beginn der Pandemie geduldig auf bessere Zeiten warteten und die Menschheit sich in eine Art Winterstarre begab, wurde uns deutlich vor Augen geführt, wie erheblich menschliche Einflüsse auf unsere Umwelt sind: Als das Wasser der Kanäle in Venedig wieder klar wurde, die Luftverschmutzung in Paris drastisch abnahm und CO_2-Emissionen global sanken, wurde uns Jugendlichen klar, dass wir an diesem Punkt nicht aufhören können. Also haben wir Online-Streiks, Webinare und Hashtags ins Leben gerufen, die uns ermöglicht haben, weiterhin in Bewegung zu bleiben, wenn auch auf eine andere Art.

Unser Klima ist für alle da, aber als junge Generation werden wir am stärksten von den Folgen des Klimawandels betroffen sein.

Deshalb ist es fundamental wichtig, dass wir uns trotz der Pandemie für eine nachhaltige Zukunft einsetzen. Doch hierzu müssen auch Erwachsene beitragen, und es ist besonders wichtig, dass jeder – wirklich jeder! –, der die Möglichkeit dazu hat, sie ergreift und mitwirkt.

Für mich persönlich ist Klimaschutz viel mehr als das Retten unserer Umwelt. Es ist eine einzigartige Möglichkeit, sich auf eine intersektionale Weise für viele Probleme gleichzeitig einzusetzen: die Möglichkeit generationenübergreifend Zusammenhalt und Stärke zu zeigen und unsere Stimmen, egal ob jung oder alt, jetzt zu erheben, um positive Veränderungen für das Morgen zu schaffen.

In diesem Buch sind sechzig Stimmen meiner Generation festgehalten, die in ihren eigenen Worten von genau jenen Veränderungen erzählen. Junge Leute aus 41 Ländern, die ihre Perspektiven, Projekte und Sorgen mit uns Lesern teilen. Dieses Buch ist eine Einladung an Erwachsene zuzuhören, was uns Jugendliche bezüglich des Klimawandels bewegt und wie man von unseren Erfahrungen lernen kann.

Die Geschichten regen Gespräche über die aktuellen Konsequenzen des Klimawandels an und zeigen außerdem, wie man die Klimakrise aus einem Blickwinkel sehen kann, der außer Angst auch Hoffnung und Zuversicht spendet. In Anbetracht der momentanen Situation und künftigen Folgen des Klimawandels kann es schwer sein, hoffnungsvoll zu bleiben, aber unsere optimistische Einstellung ist essentiell, damit ein nachhaltiger Wandel gelingen kann. Eine bessere Zukunft ist uns nicht garantiert, aber mit den zukünftigen Folgen des Klimawandels zu leben, ist für meine Generation undenkbar.

Dieses Buch erzählt von jungen Erwachsenen, die ihren Optimismus nutzen, um zu handeln. Es berichtet von Maßnahmen, die sie ergriffen haben, und Projekten, die sie ins Leben gerufen haben. Es betont, dass große Bewegungen immer auf vielen Menschen beruhen, die einen kleinen Beitrag leisten und dadurch andere erreichen können. Allein kann man die Welt nicht retten, aber das heißt nicht, dass man nicht so viel wie möglich dazu beitragen kann.

Mir ist es schon oft passiert, dass Aktivist*innen mich gerade durch kleine Taten und ihre Hingabe inspiriert haben. Daher hoffe ich, dass die Geschichten der jungen Leute auch Sie inspirieren können, einen Beitrag zu leisten – und dass Sie dessen Wirkung nicht unterschätzen. Gerade an Tagen, an denen der Kampf für unseren Planeten aussichtslos scheint, können Sie dieses Buch in die Hand nehmen und darüber lesen, wie wichtig es ist, nicht aufzugeben, egal, wie alt man ist.

Raina Ivanova, im Februar 2021

INHALT

EINFÜHRUNG

Am Montag, den 20. August 2018, setzte sich die fünfzehn Jahre alte Greta Thunberg vor das schwedische Parlament, nur mit einem Arm voll Flugblätter und einem Holzschild mit der Aufschrift *Skolstrejk för Klimatet* (Schulstreik für das Klima). Sie postete einige Fotos davon in den sozialen Medien, aber nur wenige Menschen schenkten ihr Aufmerksamkeit.

Am nächsten Tag setzte sie sich an dieselbe Stelle und streikte erneut. Diesmal gesellten sich ein paar Leute dazu. Sie streikte einundzwanzig Tage lang, bis zu den schwedischen Parlamentswahlen, und immer mehr Menschen schlossen sich ihrem Protest an. Gretas Geschichte verbreitete sich über die sozialen Medien und regte andere junge Menschen rund um den Globus dazu an, ebenfalls gegen den Klimawandel Stellung zu beziehen.

Für Freitag, den 15. März 2019, wurde zu einem weltweiten Schulstreik aufgerufen. Sieben Monate nach Gretas einsamem Protest nahmen nun mehr als 1,4 Millionen Menschen daran teil, in 2 000 großen und kleineren Städten in 128 Ländern, von Argentinien und Australien bis zum Vereinigten Königreich und den USA. Ihre Botschaft an die Welt war laut und deutlich: Unternehmt jetzt etwas gegen den Klimawandel, bevor es zu spät ist!

Und sie haben recht, wenn sie rasches Handeln einfordern. Im Oktober 2018 veröffentlichte der Weltklimarat der Vereinten Nationen einen richtungsweisenden Bericht, der zu dem Schluss kam, dass es – ohne drastische Maßnahmen bis 2030 – wenig wahrscheinlich ist, die katastrophalen Auswirkungen des Klimawandels noch zu verhindern. Es sind also nie dagewesene Maßnahmen notwendig, um den CO_2-Ausstoß rasch zu reduzieren.

Von der globalen Erwärmung weiß man schon seit den 1860er-Jahren. Damals entdeckte man, dass Treibhausgase wie Kohlendioxid den Planeten erwärmen können. Heute erklärt uns die Wissenschaft, dass ein heißerer Planet das Leben für die meisten lebenden Organismen verschlechtert: durch unerträgliche Hitzewellen und flutartige Überschwemmungen, stärkere Hurrikans und extreme Trockenheit.

In den 1910er-Jahren schon warnten Berichte, dass das Verbrennen fossiler Brennstoffe wie Öl, Kohle und Gas die Konzentration der Klimagase in unserer Atmosphäre erhöht. Damit war der Beweis erbracht, dass das Verhalten der Menschen zur globalen Erwärmung beiträgt. Doch weil die fossilen Brennstoffe so bequem zugänglich sind, war die Verlockung zu groß, und sie wurden nicht aufgegeben. Der einfache Zugang zu unbegrenzten Energiemengen verschaffte den westlichen Ländern Wohlstand und führte zu mancherlei Ausrede, um Befürchtungen über eine entfernte Zukunft zu verdrängen.

1987 bestanden nur noch wenig Zweifel, dass die Abhängigkeit der Menschheit von fossilen Brennstoffen verheerende und weitreichende Folgen haben würde. Wissenschaftler sagten voraus, dass steigende Meeresspiegel ganze Inseln und große Teile der Küstenregionen verschlucken würden. Extreme Wetterereignisse würden Hunderte Millionen Menschen zur Umsiedlung zwingen und eine Flüchtlingskrise von unvorstellbaren Ausmaßen zur Folge haben. Und durch eine böse Laune des Schicksals würden ausgerechnet die Menschen in armen Ländern, die am wenigsten zum Problem der Treibhausgase beigetragen hatten, diejenigen sein, die am schlimmsten unter ihren Auswirkungen zu leiden hätten.

In den vergangenen drei Jahrzehnten ist die Dringlichkeit gewachsen, dieses Problem deutlich anzusprechen, aber die Maßnahmen, die man dagegen ergriffen hat, sind nicht annähernd angemessen gewesen. 1995 fand die erste COP (Conference of Parties), die jährliche Weltklimakonferenz der Vereinten Nationen, statt. Sie schuf einen Rahmenplan für Länder auf der ganzen Welt, um gemeinsam Programme aufzulegen, die den Ausstoß klimaschädlicher Gase verringern sollten. Aber erst 2015, auf dem einundzwanzigsten Treffen der Klimakonferenz der Vereinten Nationen in Paris, einigten sich schließlich alle Länder der Welt darauf, den Anstieg der globalen Durchschnittstemperatur »deutlich unter« 2 Grad Celsius zu halten und Anstrengungen zu unternehmen, ihn möglichst auf 1,5 Grad Celsius zu beschränken.

Obwohl das Pariser Klimaabkommen es geschafft hat, sehr ungleiche Gruppen unter einen Hut zu bringen, stellt die Welt weiterhin jedes Jahr neue Rekorde beim CO_2-Ausstoß auf. Und mit jedem Jahr, das vergeht, verbraucht die Welt mehr von ihrem CO_2-Budget – das ist die Summe an Kohlenstoffemissionen, die wir noch ausstoßen können, bevor wir die Ziele verfehlen, die wir uns 2015 gesetzt haben.

Wir werden diesen Planeten an die nächste Generation weitervererben. Die jungen Leute wissen, dass sie unter den schlimmsten Folgen des Klimawandels leiden werden, wenn nun nicht ernsthaft gehandelt wird.

Greta Thunberg ist zum Gesicht der jugendlichen Klimaproteste geworden. Sie führt sie mit unbeugsamer Entschlossenheit, spricht mit absoluter Klarheit und verdient alles Lob, das ihr gespendet wird, und weiteres Lob, das sicher noch folgen wird. Aber sie ist auch die Erste, die dieses Lob scheut und verkündet, dass sie nicht die Anführerin dieser jugendlichen Klimabewegung ist.

Als sie 2019 auf der UN-Klimakonferenz in Madrid sprach, forderte sie die Medien auf, sie sollten ihre Aufmerksamkeit auf die anderen jungen Menschen richten, die auf der ganzen Welt gegen die Klimakrise kämpfen: »Wir sind privilegiert, und unsere Geschichten sind schon viele Male erzählt worden und werden immer wieder erzählt. Aber es sind nicht unsere Geschichten, die man erzählen und denen man lauschen muss.«

Gretas Geschichte ist eine von vielen – und in diesem Buch geht es um einige der anderen vielen Geschichten. Die folgenden Seiten berichten von sechzig jungen Menschen aus einundvierzig Ländern auf allen Kontinenten, die darum kämpfen, unseren Planeten zu retten.

Da ist Anya Sastry, die in Minnesota gegen den Bau von Öl-Pipelines über indigenes Land kämpft. Aditya Mukarji, der in Indien das Handeln von Unternehmen in der Gastronomie verändert, immer schön einen Plastikstrohhalm nach dem anderen. Vivianne Roc auf Haiti, die versucht, dafür zu sorgen, dass die Stimmen von Frauen im Kampf gegen den Klimawandel nicht überhört werden. Shannon Lisa, eine »Chemie-Detektivin« aus den USA, die erkannt hat, dass extreme Wetterereignisse infolge des Klimawandels dazu führen, dass äußerst giftige Chemikalien in die Umwelt gelangen können. Carlon Zackhras von den Marshallinseln, der Alarm schlägt, weil er Gefahr läuft, seine Heimat an den steigenden Meeresspiegel zu verlieren. Lesein Mutunkei, ein Schüler aus Kenia, der jedes Mal, wenn er beim Fußball ein Tor geschossen hat, einen Baum pflanzt – und der schon Hunderte überzeugt hat, sich dieser Aktion anzuschließen. Um ihre Geschichten und um viele andere geht es in diesem Buch, und sie belegen, dass kein Mensch zu unbedeutend ist, um etwas zu bewirken.

Diese jungen Leute sorgen nicht nur für neuen Schwung im Klimakampf – sie bringen auch neue Perspektiven ein, frische Taktiken und unerschütterliche Entschlusskraft. Sie begreifen nicht nur, dass alles in der Welt miteinander in Beziehung steht, sie wissen auch, wie man die Kluft überbrückt, die sich aufgetan hat. Und ihnen ist klar: Wenn man gegen den Klimawandel ankommen will, muss man den Ausstoß klimaschädlicher Gase reduzieren – aber um das zu erreichen, müssen wir den Tatsachen ins Auge sehen und die tieferen

Ungerechtigkeiten, die in den Gesellschaften weiterhin bestehen, aufspüren und sie ausmerzen.

Die jugendliche Klimabewegung ist eine Graswurzel-Bewegung, sie ist entstanden an der Basis der Bevölkerung. Sie hat Millionen Unterstützer gefunden und dazu geführt, dass mittlerweile die ganze Welt über diese Thematik spricht. Selbst jetzt, da die Welt durch die Covid-19-Pandemie einer anderen globalen Bedrohung gegenübersteht, zeigen die jungen Leute, die online mit ihren Protesten weitermachen, die Angriffen und Beschuldigungen gegenübertreten, während sie stets auf dem Boden der Wissenschaft und immer bescheiden bleiben, dass die Klimabewegung Bestand haben wird.

In den kommenden Jahrzehnten wird der Klimawandel jeden einzelnen Menschen auf der Welt betreffen. Daher brauchen wir eine ausdauernde, weltweit aktive Bewegung, um dagegen anzugehen. Gretas Streik hat als Protest eines einzigen Menschen begonnen. Dass einige Menschen ihre Geschichte verbreitet haben, hat viele andere ermutigt, sich in diesem Kampf an ihre Seite zu stellen. Die folgenden Geschichten werden sicherlich noch viele weitere Menschen ermutigen.

Akshat Rathi, im April 2020

ASIEN

KONTINENT: ASIEN

BEVÖLKERUNG: 4,6 MILLIARDEN

DIE GRÖSSTEN KLIMATISCHEN HERAUSFORDERUNGEN:

- **Stark bevölkerte Küstenregionen** – Der Meeresspiegel könnte bis zum Jahr 2100 zwischen ein und drei Meter ansteigen. Ein Beispiel: Zwei Drittel von Bangladesch liegen nicht einmal fünf Meter über Normalnull. Bis 2050 könnte so einer von sieben Menschen in Bangladesch und mehr als 640 Millionen Menschen in ganz Südostasien aus ihren Wohnorten vertrieben werden.

- **Stärkere Stürme** – Die stark bevölkerten Küstenregionen Asiens sind anfällig für extreme Wetterereignisse wie Taifune und Wirbelstürme. Man muss befürchten, dass diese Stürme in Zukunft infolge des Klimawandels noch stärker werden.

- **Wasserknappheit** – Der Westen Asiens gehört zu den Regionen der Welt, die am stärksten unter Wasserknappheit leiden. Zwischen 1998 und 2012 hat die Levante, die die Länder im Vorderen Orient östlich des Mittelmeers umfasst, die schlimmste Dürreperiode der letzten 900 Jahre erlebt. Und in einer immer heißeren Welt steigt die Wahrscheinlichkeit von Dürren weiter an.

- **Eisschmelze** – Bei steigenden Temperaturen schmelzen die Gletscher, besonders im Himalaja, der mit dem Jangtsekiang, dem Ganges und dem Indus drei der größten Flüsse der Welt mit Wasser versorgt. Mehr als eine Milliarde Menschen sind von den Frischwasservorräten aus dem Himalaja abhängig, um zu überleben.

ADITYA MUKARJI

16 Jahre

INDIEN

2017 sah ich in einem Video, wie man einer Meeresschildkröte unter großen Schmerzen einen Plastikstrohhalm aus dem Nasenloch zog. Das ging mir sehr nahe, und ich fing an, alles, was ich nur konnte, darüber zu lesen, wie man so etwas verhindern könnte. Ich wollte etwas bewirken. Ich wollte helfen, die Dinge zu verändern, und ein Bewusstsein für dieses Problem schaffen.

Das Recycling von Plastik sollte die allerletzte Möglichkeit sein, denn sie vermittelt den Menschen das falsche Gefühl, etwas Gutes zu tun, während sie weiterhin immer mehr Plastik benutzen. Kunststoffe können ohnehin nicht unendlich oft recycelt werden. Letztendlich landen sie auf einer Mülldeponie oder in den Ozeanen und verschmutzen unseren Planeten.

Meine Kampagne #RefuseIfYouCannotReuse richtet sich gegen den Gebrauch von Einmal-Plastik bei Gegenständen des täglichen Bedarfs, zum Beispiel bei Strohhalmen, Besteck, Geschirr, Wasserflaschen und Plastikbehältern, und ebenso gegen Verpackungsmaterial wie Schrumpffolie für Bananen und andere frische Produkte. Einen besonderen Fokus lege ich dabei auf die Gastronomie, denn sie verbraucht den größten Anteil an Einweg-Plastikartikeln.

Zu Beginn konzentrierte ich mich auf Plastikstrohhalme, denn sie sind vermutlich das Unnötigste, was je erfunden wurde. Die Unternehmen zögerten zunächst und wollten die Plastikstrohhalme nicht aufgeben, weil sie befürchteten, die Kunden wären dann unzufrieden. Also forderte ich sie auf, mit Schildern auf den Einsatz des Unternehmens für unseren Planeten hinzuweisen. Strohhalme aus Plastik sollten nur noch ausgegeben werden, wenn Kunden ausdrücklich danach verlangten. Als Nächstes schlug ich vor, umweltfreundliche Strohhalme zu verwenden, und ich tat Hersteller auf, die die Unternehmen beliefern konnten. Bisher sind durch meine Bemühungen über 26 Millionen Plastikstrohhalme und Millionen anderer Einweg-Plastikartikel ersetzt worden oder ganz weggefallen.

Besonders überrascht hat mich die Menge an Forschungsmaterial und Wissen, die ich durch meinen Vater erhielt, der für Weltkonzerne wie DuPont und Shell gearbeitet hat. Ich bin zu der Überzeugung gelangt, dass die Industrie durchaus von den Problemen weiß, die sie verursacht hat, dass sie aber nichts ändern will. Es ist an uns Verbrauchern, die Macht der Verweigerung einzusetzen, um uns selbst und andere zu erziehen.

* * *

Als Teenager besteht meine Hauptaufgabe darin, Schüler zu sein, nur für den Fall, dass der Planet überlebt und ich einen Beruf brauche. Aber die Klimakrise beeinflusst mich in vielen Bereichen meines Lebens. Schlechte landwirtschaftliche Verfahren haben dazu geführt, dass der Grundwasserspiegel auf ein gefährliches Niveau gesunken ist. Das Abbrennen von Reisstoppelfeldern in Nordindien hat die Luft verschmutzt und für nicht wiedergutzumachende gesundheitliche Schäden gesorgt, unter anderem bei meiner eigenen Familie.

Indien ist eines der am dichtesten bevölkerten Länder der Welt und wird zu den Ländern gehören, die am schlimmsten von den Folgen des Klimawandels betroffen sein werden. Das Land scheint schlecht gerüstet, um mit diesen Folgen umzugehen. Armut ist für uns noch immer ein großes Problem, deshalb begibt man sich auf politisch gefährliches Terrain, wenn man den Hoffnungen der Menschen durch Verordnungen der Regierung einen Riegel vorschiebt. Ich würde gern die Lebensqualität jener verbessern, die ganz unten in der Wirtschaftspyramide stehen, und die Gräben zwischen den Armen und Verzweifelten und den Stinkreichen schließen. Um dieses Ziel zu erreichen, wird man in Indien die Entwicklung des Lebensstandards zusammen mit den Umweltproblemen betrachten müssen – wobei der Lebensstandard nicht auf Kosten der Umwelt steigen darf. Das erfordert ein Ausmaß an staatsmännischen Fähigkeiten, wie es hierzulande zu fehlen scheint.

Gegen diese Probleme kann ich nichts ausrichten, außer dass ich mich den Klimaprotesten anschließe, um unsere Regierung darauf aufmerksam zu machen. Falls wir nicht alle gemeinsam unsere Regierungen dazu bringen können, entsprechende Vorschriften zu erlassen, und gleichzeitig die Verbraucher dazu bringen, ihre Konsumgewohnheiten zu ändern, sieht unsere Zukunft düster aus.

HTET MYET MIN TUN

18 Jahre
MYANMAR

Im Mai 2008 wurde Myanmar vom Zyklon Nargis getroffen. Er richtete die schlimmste Katastrophe an, die das Land jemals erlebt hat. Tausende Menschen kamen ums Leben, und Millionen wurden obdachlos. Zu diesem Zeitpunkt war ich ungefähr sechs Jahre alt, und ich erinnere mich noch, wie ich mit meiner Familie vom kleinen Fenster unseres Hauses aus dem Zyklon zugesehen habe. Ich sah, wie der Wind Bäume entwurzelte und Hausdächer zerstörte. Obwohl es in Rangun, der Stadt, in der ich lebe, im Vergleich zu anderen im Irrawaddy-Delta nur wenige Todesopfer gab, spielten sich dort nach dem Zyklon unvorstellbare Szenen ab.

Selbst heute habe ich noch das Geräusch des Sturmes im Ohr, wenn ich an diese Tragödie denke. Als ich älter war, lernten wir in der Schule in Naturwissenschaften etwas über den Klimawandel, seine Ursachen und seine Auswirkungen: über die Zerstörung von Wäldern, über Treibhausgase und die globale Erwärmung. Dieses neue Wissen brachte ich in Verbindung mit dem, was ich während und nach dem Zyklon Nargis gesehen hatte, und ich begann zu begreifen, dass wir handeln und die Klimakrise bekämpfen müssen, bevor es zu spät ist.

Ich engagiere mich für eine stärkere öffentliche Wahrnehmung des Klimawandels, denn ich bin der Meinung, wenn man die Art der Krankheit kennt, ist es viel leichter, eine Behandlungsmethode zu finden. In Myanmar, wo die Menschen noch um ihre Grundrechte kämpfen müssen, zum Beispiel politische Teilhabe, Bildung und ein funktionierendes Gesundheitswesen, gibt es kein großes Bewusstsein für den Klimawandel und seine Folgen. Ich meine, die Öffentlichkeit sollte sich zweier wichtiger Dinge bewusst sein: Der Klimawandel verletzt die Menschenrechte, und jeder Bewohner dieser Erde hat die Pflicht, die Umwelt zu schützen.

Wenn man ein junger Aktivist ist, steht man vielen Herausforderungen gegenüber, aber die größte besteht darin, dass uns nur beschränkte Ressourcen zur Verfügung stehen. Uns fehlen Geld, Informationen oder Netzwerke. Wir brauchen mehr Aufmerksamkeit, sowohl auf lokaler wie auf internationaler Ebene, damit junge Aktivisten ihre Netzwerke erweitern und miteinander über Probleme sprechen sowie Lösungsansätze, Informationen und Erfahrungen austauschen können.

* * *

Ich möchte später ein politischer Entscheidungsträger werden. Für ein Entwicklungsland wie Myanmar sind die Folgen des Klimawandels schwerwiegend. Prognosen besagen, dass der Klimawandel wahrscheinlich die Überflutung von Küstenstädten zur Folge haben wird und damit die massenhafte Umsiedlung von Millionen von Menschen über Landesgrenzen hinweg, zudem drohen Nahrungs- und Wasserengpässe. Wenn diese Vorhersagen sich erfüllen, wird das für unsere Regierung keine einfache Aufgabe, denn es fehlen eine starke Wirtschaft, finanzielle Ressourcen und fortgeschrittene Technologie, um mit diesen Folgen zurechtzukommen. Ebenso besteht das Risiko, dass diese prekären Situationen leicht eskalieren und zu inneren Unruhen führen könnten, die die Stabilität und Sicherheit in dieser Region weiter gefährden könnten.

In Myanmar wird der Klimawandel die Landwirtschaft am stärksten treffen, von der die Wirtschaft des Landes sehr stark abhängig ist. Es wird schwieriger, den Monsun vorauszusagen, die Anzahl an extremen Wetterereignissen in Form von Zyklonen, ungewöhnlich heftigen Regenfälle und Dürren nimmt zu, was sowohl der Qualität als auch der Quantität der Ernten schadet.

Diese beispiellosen extremen Wetterereignisse haben Einfluss auf das Wohlergehen vieler Menschen in Myanmar. Dürren zum Beispiel führen im Sommer in vielen Regionen zu Wassermangel, und in der Regenzeit werden jedes Jahr Tausende Menschen durch Überflutungen und Erdrutsche zur Umsiedlung gezwungen.

Obwohl Myanmar nicht viel zum Klimawandel beiträgt, gehört es zu den Ländern, die durch die Folgen des Klimawandels am stärksten gefährdet sind. Die Küstenstädte, darunter auch Rangun, das wirtschaftliche Zentrum des Landes, sind durch den Anstieg des Meeresspiegels bedroht. Die gesamte Deltaregion wird leiden, denn das Meerwasser wird das Grundwasser versalzen, Ackerland unbrauchbar machen und in vielen Städten und Dörfern Land abtragen.

Es gibt drei Dinge, die ich der Führung meines Landes ans Herz legen möchte. Erstens: Schenkt dem Klimawandel die Aufmerksamkeit, die er verdient. Arbeitet mit Experten, Wissenschaftlern und Aktivisten zusammen, um ihn zu bekämpfen. Es gibt zwar einige Dinge, die jeder Einzelne von uns tun kann, doch wie sehr wir uns auch anstrengen, für den Rest brauchen wir die Unterstützung der Regierung. Zweitens: Bringt die wirtschaftliche Entwicklung und den Umweltschutz in Einklang. Während Myanmar sich der Welt öffnet und seine Industrialisierung vorantreibt, ist es wichtig, dass das nicht auf Kosten der Umwelt geschieht. Auch unsere nachfolgenden Generationen verdienen es, frisches Wasser zu trinken, saubere Luft zu atmen und die Schönheit der Natur zu genießen. Drittens: Arbeitet konkrete Strategien und Notfallmaßnahmen aus, damit wir uns auf mögliche Bedrohungen durch den Klimawandel vorbereiten können. Als der Zyklon Nargis das Land traf, sind Tausende Menschen ums Leben gekommen. So eine Katastrophe darf nicht noch einmal passieren.

Ich fordere jeden Menschen, jede Organisation und jedes Land auf, keine Vorteile – auch nicht in politischer Hinsicht – aus dem Klimawandel zu ziehen. Der Klimawandel sollte Völker, Parteien und Nationen nicht entzweien, vielmehr sollte er Menschen mit unterschiedlichen Berufen und unterschiedlichen Kompetenzen zusammenführen, egal, woher sie stammen, woran sie glauben oder welcher politischen Partei sie angehören. Ich glaube, dass wir die Herausforderung des Klimawandels in einer gemeinsamen Anstrengung von unterschiedlichen Nationen, Menschen und Organisationen bewältigen und den größten Erfolg erzielen können, den die Menschheit je zustande gebracht hat.

Um Erfolg zu haben, brauchen wir vier Dinge: Sachkenntnis, Klugheit, Beharrlichkeit und Entschlossenheit. Wir haben die Sachkenntnis und die Klugheit; auch über die technischen Lösungen verfügen wir bereits. Was wir dem Klimawandel jetzt entgegensetzen müssen, sind Beharrlichkeit und Entschlossenheit.

TATYANA SIN

26 Jahre
USBEKISTAN

Ich habe schon in jungen Jahren begriffen, was für einen gewaltigen Einfluss das Verhalten des Menschen auf die Natur haben kann. Ich komme aus einer Provinz in der Nähe des Aralsees – nun ja, in der Nähe dessen, was von ihm übrig geblieben ist. Jeden Tag habe ich die Folgen dieser Tragödie vor Augen: Boden und Luft sind verunreinigt, und der Gesundheitszustand der Menschen verschlechtert sich.

Meine Mutter leitet eine Nichtregierungsorganisation namens KRASS, die den Menschen und Landwirten hier vor Ort hilft, in unserer kontaminierten Umwelt zu leben und zu überleben. Meine Mutter ist mein Vorbild. Ziel ihrer Organisation ist es, sowohl den Landwirten ein Auskommen zu sichern und so zur Linderung der Armut im ländlichen Usbekistan beizutragen als auch langfristig die Umwelt als wertvollen Nahrungslieferanten zu erhalten. Wäre ich nicht Zeugin ihrer schwierigen Arbeit – und besonders ihrer Erfolgserlebnisse – geworden, hätte ich diesen Weg nicht gewählt.

Ich bin dem Beispiel meiner Mutter gefolgt und habe mich seit Beginn meines Studiums darum bemüht, für Umweltorganisationen tätig zu werden. Als Praktikantin der UNESCO in Taschkent habe ich eine klare Vorstellung davon entwickelt, wie man die Folgen von Naturkatastrophen und Klimawandel angehen kann. Aber anstatt mich damit zu beschäftigen, habe ich beschlossen, mich lieber der Frage zu widmen, was man zur Vorbeugung der verheerenden Folgen des menschlichen Handelns tun könnte. Im Zuge meines Masters of Business Administration beschäftigte ich mich mich mit der Frage, wie usbekische Unternehmen mehr gesellschaftliche Verantwortung übernehmen können. Mein Ziel ist es, die Zukunftsfähigkeit des landwirtschaftlichen Sektors zu verbessern.

Das wichtigste Problem für Usbekistan im Zusammenhang mit dem Klimawandel ist das Abschmelzen der Gletscher, der einzigen Frischwasserquelle des Landes. Der landwirtschaftliche Sektor ist die tragende Säule der usbekischen Wirtschaft, und das bedeutet, wir hängen sehr stark von den Wasservorräten ab. Wenn wir den Ausstoß klimaschädlicher Gase nicht zurückfahren, um die globale Erwärmung zu stoppen, sind die Lebensgrundlagen aller Menschen bedroht, die in der Landwirtschaft arbeiten, und die Menschen in dieser Gegend könnten ihre einzige Frischwasserquelle verlieren. Die immer weiter steigenden Temperaturen und der Mangel an Wasser werden die ohnehin schon schlechten Lebensbedingungen noch dramatisch verschlechtern.

* * *

Die junge Generation ist die Zukunft dieses Planeten. Deshalb ist es besonders wichtig, die Klimakompetenz junger Menschen zu erhöhen und sie zum Handeln zu motivieren. Die Schulen und Universitäten müssen den jungen Leuten die Umweltprobleme nahebringen und sie nicht nur lehren, wie man sich dem Klimawandel anpassen kann, sondern auch, wie man ihn abwendet. Folgen wir doch dem Beispiel Italiens, und setzen wir die Themen Klimawandel und Umweltprobleme für jede Jahrgangsstufe auf den Lehrplan!

Der Klimawandel ist in der modernen Welt traurige Realität, aber die jungen Menschen können etwas daran ändern. Immer mehr junge Anführer unternehmen etwas, um das Bewusstsein für Umweltfragen zu stärken und um zu verhindern, dass das Handeln der Menschen weitere Klimaschäden verursacht. Es liegt in der Verantwortung der Regierungen, den jungen Menschen Gelegenheit zu geben, das Wort zu ergreifen, wenn es um Umweltfragen geht – auf regionaler und nationaler Ebene sowie weltweit.

Der Aralsee war einmal der viertgrößte See der Welt, doch der hohe Wasserbedarf vor allem der Baumwollindustrie hat dazu geführt, dass das Wasservolumen mittlerweile um 90 Prozent zurückgegangen ist und große Teile seines Grundes heute freiliegen. Das hat zu gewaltigen Salzstürmen geführt, die man mit dem Anstieg an Atemwegserkrankungen in Verbindung bringt, unter denen viele Menschen in dieser Gegend leiden.

WAS WÜRDET
DIE SICH WEGEN DER KLIMA-

Wenn man wegen der Klimakrise beunruhigt oder besorgt ist, ist das ein Anfang. Veränderung beginnt immer, weil den Menschen etwas nicht egal ist. Ändert etwas, egal, wie klein dieses Etwas auch sein mag. Tut, was ihr könnt – oder besser noch: Ringt euch dazu durch, Dinge zu tun, von denen ihr glaubt, ihr könntet sie nicht!

Akari Tomita, 16 Jahre, Japan/USA

Ich weiß, wie sehr einem das alles Angst macht. Ich weiß, wie es sich anfühlt, wenn man denkt, es gäbe nichts mehr, was man noch tun kann. Aber wir haben noch immer Zeit, Dinge wiedergutzumachen. Ich lege euch eindringlich nahe, eure Stimme zu erheben und eure Politiker vor Ort zu mobilisieren. Überzeugt euer Umfeld davon, wie schwerwiegend die Klimakrise ist, und streikt gemeinsam mit uns.

Theresa Rose Sebastian, 16 Jahre, Indien/Irland

IHR LEUTEN SAGEN, KRISE SORGEN MACHEN?

Es ist ganz normal, dass man sich Sorgen macht. Der Klimawandel ist schließlich eine existenzielle Bedrohung. Folgendes kann helfen, damit ihr euch nicht mehr so stark belastet fühlt: Werdet Mitglied einer Gruppe oder Organisation, die sich dafür einsetzt, etwas gegen den Klimawandel zu tun. Sprecht über die Möglichkeiten, wie man die Auswirkungen des Klimawandels reduzieren könnte.

Nasreen Sayed, 27 Jahre, Afghanistan

IMAN DORRI

28 Jahre

IRAN

Protestkundgebungen sind ein Weg, seine Unzufriedenheit mit der derzeitigen Situation zum Ausdruck zu bringen, aber ich bin der festen Überzeugung, dass es nicht die beste Maßnahme ist, um den Klimawandel zu bekämpfen. Selbst wenn wir den Leuten sagen, dass die Welt in Gefahr ist, denken einige von ihnen nur an ihre eigenen augenblicklichen Interessen und wollen die Lage nicht akzeptieren. Wenn wir also Zeit damit verbringen, gegen den Klimawandel zu protestieren, sollten wir die doppelte Zeit dafür aufwenden, Lösungen zu finden, die sowohl umsetzbar als auch für die Mehrheit der Menschen akzeptabel sind.

Daher liegt mein Schwerpunkt in erster Linie auf meiner Arbeit mit den Universitäten. Ich sporne sie dazu an, zu Pionieren im Einsatz für das Klima zu werden, und unterstütze die Zusammenarbeit zwischen Studenten und Fakultätsmitgliedern.

Der Iran liegt in einer Region, die zum Teil von aridem, also trockenem, zum Teil von semiaridem Klima geprägt ist. Ich habe aus erster Hand erfahren, wie der Klimawandel die Menschen trifft – von Dürren bis zu flutartigen Überschwemmungen. Das war die wichtigste Motivation für mein Master-Studium zum Bau- und Umweltingenieur, wo ich mich mit nachhaltiger Entwicklung beschäftigt habe. Nach meinem Abschluss habe ich dann für das Nachhaltigkeitsbüro der Universität gearbeitet.

Wir brauchen mehr Menschen, die weniger reden und mehr handeln.

Obwohl die flutartigen Überschwemmungen in den letzten Jahren schwerwiegende und zerstörerische Folgen hatten, sind das Hauptproblem des Iran die Dürrezeiten. Sie sind eine Folge des Klimawandels und werden sich laut Vorhersagen noch verstärken. Ich lebe in Teheran, der Hauptstadt des Iran, wo wegen der besseren Infrastruktur die Folgen des Klimawandels nicht so stark zu spüren sind wie in kleineren Städten. Doch die Landwirtschaft spielt in unserer Wirtschaft noch immer eine wichtige Rolle, und der Mangel an Wasser macht sich negativ bemerkbar.

Manchmal glaube ich, die größte Herausforderung, der wir als junge Aktivisten gegenüberstehen, zumindest in Entwicklungsländern, ist der Mangel an Vertrauen, der uns von erfahrenen Menschen, von Managern und Experten entgegengebracht wird. Doch wenn wir die Klimabewegung betrachten, sehen wir, dass die einflussreichsten Leute junge Menschen sind. Greta Thunberg ist ein Beispiel dafür. Obwohl sie noch so jung ist, hat sie eine Bewegung ins Leben gerufen, die unglaublich viele Leute auf der ganzen Welt ermutigt hat. Wir jungen Menschen sind es, die die negativen Folgen des Klimawandels zu tragen haben. Deshalb sollten wir eine entscheidende Rolle spielen, wenn es darum geht, sich für die richtigen Lösungen zu entscheiden.

Meine Eltern sind sowohl stolz als auch besorgt angesichts meines Engagements. Sie sind stolz auf meine Bemühungen, gegen den Klimawandel vorzugehen. Aber sie machen sich Sorgen über meine Zukunft, für die ich ein gesichertes Einkommen brauche. Umweltfragen werden in Entwicklungsländern für gewöhnlich nicht vorrangig behandelt, daher stehen uns nicht besonders viel finanzielle Mittel zur Verfügung. Ich glaube, das ist einer der Hauptgründe, warum es mit der Verbesserung der Umweltsituation in Entwicklungsländern nur so langsam vorangeht.

Früher hatten wir die Möglichkeit, für unsere Projekte an internationale Gelder zu kommen, aber dieser Weg ist uns heute versperrt. Das ist eine Folge der internationalen Sanktionen gegen den Iran. Die Gründe für diese Sanktionen liegen anderswo und hängen weder mit der Umwelt noch mit unserem Volk zusammen, doch die Sanktionen betreffen alle Aspekte des Landes. Der Klimawandel ist ein Faktor, der sich ganz direkt auf das Leben der Menschen auswirkt, und die Führung unseres Landes sollte sich stärker darum kümmern.

Die USA haben kürzlich die Sanktionen gegen den Iran erneuert, die es US-Unternehmen untersagen, mit dem Iran Handel zu treiben oder mit ausländischen Firmen oder Ländern, die ihrerseits mit dem Iran Handel treiben. Sanktionen wie diese, die aus geopolitischen Gründen erfolgen und nichts mit Klimaschutz zu tun haben, haben der Wirtschaft des Iran schweren Schaden zugefügt.

HOWEY OU

17 Jahre
CHINA

Mein Ziel ist es, die chinesische Regierung dazu zu bringen, die Vorgaben des Pariser Klimaabkommens zu übernehmen. Ich habe angefangen zu protestieren, weil Millionen Menschen auf der ganzen Welt verlangen, dass in Klimafragen gehandelt werden muss – nur in China hat niemand die Stimme erhoben.

Ich begann, indem ich mich im Mai 2019 Greta Thunbergs *Fridays for Future*-Protest anschloss. Ich stand draußen vor dem Regierungsgebäude meines Stadtbezirks und verlangte ein Handeln in Klimafragen. Meine Eltern hatten zunächst wegen meines Klimaprotestes Angst und versuchten, mich davon abzubringen, aber das schafften sie nicht. Doch nachdem ich von der Polizei verhört worden war, setzten meine Eltern meinen Protesten ein Ende.

Mit meinem Protest fortzufahren hätte sehr viel Mut erfordert, und ich halte mich nicht für besonders tapfer. Also reiste ich stattdessen mehr als zwei Monate allein in China umher, um gleichgesinnte Menschen in Nichtregierungsorganisationen zu finden, die sich mit Klima- und Umweltschutzfragen beschäftigen. Hier stieß ich auf mehr Verständnis.

Am 13. September 2019 rief ich den Hashtag #PlantForSurvival ins Leben. Wir werden weiterhin jeden Freitag Bäume pflanzen, bis die chinesische Regierung die Vorgaben des Pariser Klimaabkommens übernommen hat. Jetzt erhalte ich zu Hause in der Provinz Yunnan Fernunterricht, pflanze jeden Freitag Bäume und versuche, meinen Klassenkameraden die Bedeutung der Klimakrise bewusst zu machen.

China hat den höchsten CO_2-Ausstoß der Welt und ist verantwortlich für ein Viertel der gesamten globalen Emissionen. Es ist der weltgrößte Verbraucher von Kohle und entwickelt andererseits die meisten Techniken für erneuerbare Energie. Die Entscheidungen, die das Land trifft, werden immensen Einfluss auf die Bemühungen der Welt haben, die globale Erwärmung in den Griff zu bekommen.

THERESA ROSE SEBASTIAN

16 Jahre
INDIEN/IRLAND

Im August 2018 reiste ich zu einer Hochzeit in mein Geburtsland Indien. Dorthin fahre ich unglaublich gern, denn es ist die einzige Gelegenheit, meine ganze große Familie zu treffen. Doch in diesem Monat wurde der indische Bundesstaat Kerala von besonders schweren Regenfällen heimgesucht. Sie verursachten in vielen Städten schlimme Überschwemmungen, und mehr als vierhundert Menschen kamen ums Leben.

Meine Familie und ich steckten wegen des Hochwassers fest. Meine Heimatstadt Pala war schwer betroffen. Vor unserer Wohnung reichte mir das Wasser bis zum Hals, und mein Bruder musste durch die Fluten schwimmen, um in die Stadt zu gelangen. Dabei waren wir noch glimpflich davongekommen: Andere Städte waren völlig überflutet und die Häuser zerstört worden. Die Menschen hockten auf Hausdächern und schrien nach Obdach und Sicherheit. Wir hatten Glück, fanden eine Möglichkeit, zum Flughafen zu kommen, und flogen zurück nach Hause.

Als ich wieder in Cork war, begriff ich, was das für ein riesiges Privileg war: Ich konnte nach Irland zurückkehren und musste nicht mein Leben ganz von vorn beginnen. Viele Menschen in Kerala bauten ihre Häuser wieder auf, aber diejenigen, die sich das nicht leisten konnten, waren obdachlos. Einige mussten geliebte Menschen bestatten, die bei dem Unglück ums Leben gekommen waren. Und mir wurde klar, dass ich mich nicht einfach zurücklehnen und auf das nächste Unglück warten konnte.

Ich protestiere dagegen, dass nichts unternommen wird, dass man die Realität ignoriert – und ich wehre mich gegen die Gier profitgeiler Unternehmen. Der »Fortschritt« ist in unserer Gesellschaft an einen Punkt gelangt, an dem ein Stück bedrucktes Papier wichtiger ist als ein Menschenleben. Heute geht es um Tausende, morgen vielleicht um Millionen von Menschen. Die Klimakrise wird sich immer weiter verschlimmern und jeden Menschen treffen. Sie ist kein Problem der »Entwicklungsländer«, sie findet überall statt, von Frankreich bis Angola und von Pennsylvania bis Indien.

Einige Male bin ich wegen Streiks und Klimakonferenzen nicht in der Schule gewesen. Ich gehe sehr gern zur Schule, aber ich musste wegbleiben, um etwas zu bewirken und mir Gehör zu verschaffen. Es ist ziemlich schwierig, den versäumten Stoff ganz allein aufzuholen. Wenn wir wegen des Streiks nicht zur Schule gehen, tun wir das aber, weil es notwendig ist, und nicht etwa aus dem Wunsch heraus, die Schule zu schwänzen. Ich möchte Rechtsanwältin werden, daher ist mir meine schulische Ausbildung sehr wichtig.

Viele Leute neigen dazu, mich wegen meines Alters abblitzen zu lassen. Sie sagen mir, ich hätte nicht die nötige Reife, um etwas gegen den Klimawandel zu unternehmen und etwas zu bewirken. Aber für mich ist das ein Grund mehr, mir Gehör zu verschaffen.

Mein Alter ist auch ein Hindernis, wenn es darum geht, an Konferenzen im Ausland teilzunehmen. Ich versuche, nach Möglichkeit nachhaltig zu reisen und nicht zu fliegen, aber ich lebe nun mal auf einer Insel – und auf der Fähre darf man nur allein reisen, wenn man über achtzehn ist. Außerdem machen sich meine Eltern Sorgen um mich, wenn ich allein zu Konferenzen fahre, doch trotz ihrer Bedenken unterstützen sie mich sehr. Mein Aktivismus verlangt ihnen einiges an Vertrauen in mich ab.

Weil Irland eine relativ kleine Bevölkerung hat, sind die Menschen der Ansicht, unser Land würde bei der Bekämpfung der Klimakrise keine Rolle spielen. Das ist nicht richtig. Ich würde mir wünschen, dass Irland eine Vorreiterrolle übernimmt und anderen Ländern zeigt, wie man Klimaziele erreicht.

Ich kämpfe für euch.
Macht mit!

Bei einem Streik begleiteten mich Jungen und Mädchen, die noch nicht mal zehn Jahre alt waren. Ich begriff plötzlich, dass diese Kinder Angst haben – genau wie ich haben sie Angst um ihre Zukunft. Sie haben sich mit in den Protestmarsch eingereiht und trugen Schilder wie *Ich will eine Zukunft*. Nach den Ansprachen begannen einige von ihnen zu weinen. Da ist mir klar geworden, dass ich nicht nur für mich kämpfe. Ich bin nun entschlossen, für jedermanns Zukunft einzutreten, für die Kinder, die ich später einmal haben möchte, und für künftige Generationen. Ich werde weiterhin protestieren, denn ich weiß: Noch haben wir Zeit, um alles in Ordnung zu bringen.

NASREEN SAYED

27 Jahre
AFGHANISTAN/USA

Ich stamme aus einem politisch instabilen und unterentwickelten Land, bin während des Höhepunktes der Taliban-Herrschaft in einem Flüchtlingslager zur Welt gekommen – und ich bin die erste Frau in meiner Familie und aus meinem Dorf, die an einer Universität studiert hat. All das zusammen ist die Quelle meiner Motivation bei allem, was ich tue.

Ich besitze die doppelte Staatsbürgerschaft: afghanisch und US-amerikanisch. Im Zusammenhang mit Afghanistan wird der Klimawandel kaum je erwähnt. Dabei hat das Land mehrere schwere Dürreperioden erlebt, und Streitigkeiten um Wasser und Land bieten durchaus Grund zur Besorgnis. Wissenschaftler sagen voraus, dass die Regenfälle in den kommenden Jahren noch weiter zurückgehen werden und dass die Durchschnittstemperatur ansteigen wird. Das wird zunehmend zu einer Schädigung des Bodens und zu Versteppung führen.

Zahlreiche Probleme haben mich dazu veranlasst, meinen Weg einzuschlagen: der Raubbau an unserer Umwelt, ein Mangel an echten Umweltschutzstrategien, die Tatsache, dass langfristige Nachhaltigkeit zugunsten kurzfristiger wirtschaftlicher oder politischer Ziele vernachlässigt wurde. Schon in meiner Kindheit war ich mit Fragen konfrontiert, die mit Nachhaltigkeit und der menschlichen Entwicklung zusammenhingen. Als wir von einem Land ins andere umsiedelten, wuchs mein Interesse an der Frage, wie es mit unserer Welt eigentlich weitergehen soll, und ich interessierte mich besonders für Umweltprobleme und Umweltpolitik. Im Laufe der Jahre habe ich alles gesehen – vom Chemiemüll der Sowjetzeit in Aserbaidschan, der Tausende von armen Dorfbewohnern geschädigt hat, über die Dürre im Sudan bis zur exzessiven Nutzung fossiler Energieträger in den Golfstaaten.

Heute lebe ich in Kalifornien. Auch hier spielt der Klimawandel in unserem Leben eine wichtige Rolle, besonders angesichts der steigenden Anzahl von Flächenbränden und der wiederkehrenden Dürren. Ich mache mir Sorgen, dass ich in den kommenden Jahren wegen der Feuer mein Haus aufgeben muss.

Ich bin keine Aktivistin, aber ich nehme an vielen Kampagnen teil und unterstütze sie, wenn es um Umweltgerechtigkeit und Klimawandel geht. Ich bin Mitglied der »Citizens' Climate Lobby«, einer Organisation, die sich für eine CO_2-Abgabe einsetzt, die als Klimadividende wieder an die Bürger ausgeschüttet wird. Außerdem bin ich Teil von »Sunrise Movement«, einer Bewegung, die für einen Green New Deal, eine ökologische Wende der Industriegesellschaft, eintritt.

LIYANA YAMIN

27 Jahre
MALAYSIA/TAIWAN

Ich setze mich ein für mehr Mitgestaltungsmöglichkeiten und Einfluss für Jugendliche, besonders bei der Lösung der Klimakrise. Nach meiner Auffassung besitzen junge Menschen die Kraft, Lösungsansätze voranzutreiben, mit denen man die Auswirkungen der Klimakrise bekämpfen kann.

Malaysia ist von den gefährlichen Auswirkungen des Klimawandels besonders betroffen: Überflutungen und Erdrutsche, Waldbrände, Tsunamis und Zyklone. Das Land erlebt derzeit Regenfälle von ganz unterschiedlicher Länge, außerdem immer mehr extreme Wetterereignisse, eine steigende Temperatur der Meeresoberfläche und einen Anstieg des Meeresspiegels.

2014 studierte ich in Terengganu und erlebte nach dem Monsun eine schwere Überschwemmung mit. Im September und Oktober bin ich zudem Zeugin der Rauchschwaden geworden, die jedes Jahr über die Grenzen ziehen, wenn in Indonesien die Palmöl-Wälder brennen. Das hat mir die Augen dafür geöffnet, dass die Welt sich einer Krise gegenübersieht.

Wenn man davon ausgeht, dass die globale Temperatur um 1,5 Grad Celsius ansteigt, werden Städte wie Kuala Lumpur voraussichtlich nie dagewesene Klimabedingungen erleben, die sich bis zum Jahr 2050 in extremen Wetterereignissen und schweren Dürren bemerkbar machen werden. Auch die Menschen in den ländlichen Gegenden werden vom Klimawandel betroffen sein. Die Ortschaften an der Küste werden durch den steigenden Meeresspiegel zerstört werden. In ganz Malaysia wird man wirksame Maßnahmen ergreifen müssen, um sich anzupassen, und das wird eine beträchtliche Herausforderung darstellen.

Es wird Zeit, dass wir in Sachen Klima endlich gemeinsam handeln, anstatt nur leere Phrasen zu dreschen.

Ich bin bei MYD aktiv, der »malaysischen Jugenddelegation«, der einzigen von jungen Leuten geführten Organisation in Malaysia, die sich auf Klimaschutzpolitik konzentriert und neugierigen, interessierten jungen Menschen eine Plattform bietet, um die Welt des Klimaabkommens bei den Vereinten Nationen kennenzulernen.

Die MYD will die Öffentlichkeit über die Politik zum Klimawandel informieren, indem sie Schulungen und Gespräche organisiert. Sie unterhält auch Beziehungen zur Regierung, tauscht sich regelmäßig mit ihr aus und setzt sich mit ihr auseinander.

Als Folge unseres kapitalistischen Gesellschaftssystems steht diese Krise im Zusammenhang mit unserem wirtschaftlichen Handeln und unserer Lebensweise. Es ist also in jedem Lebensbereich der Menschen ein sozioökonomischer Wandel erforderlich: im Landwirtschaftssektor, im Energiesektor, im Transportsektor, bei den Arbeitsverhältnissen und so weiter. Wir müssen die Klimakrise als Chance auffassen, damit sich die Menschen nicht einschüchtern lassen, sondern sich unserem Kampf anschließen, sobald sie erst einmal begriffen haben, worum es geht.

Während der Waldbrand-Saison treiben die Winde häufig dichte Rauchwolken von Indonesien nach Singapur und Malaysia. Diese Rauchschwaden von jenseits der Grenze hängen in den Millionenstädten und führen überall zu Atembeschwerden. Forschungsarbeiten aus dem Jahr 2015 über die gesundheitsgefährdenden Waldbrände deuten darauf hin, dass der Rauch in Indonesien, Malaysia und Singapur bisher zu möglicherweise 100 000 vorzeitigen Todesfällen geführt haben könnte.

ALBRECHT ARTHUR N. AREVALO

26 Jahre
PHILIPPINEN

Für meine Arbeit muss ich häufig ins philippinische Hochland reisen, wo unsere Geschäftsstelle eine Schule für die indigene Bevölkerung betreibt. Ich werde nie vergessen, wie
ich zum ersten Mal dort war: einen Monat lang mitten in den
Wäldern im Hochland, ohne Handyempfang, nur von Natur
umgeben. Das hat mich nachhaltig verändert, meine Ansichten und Einstellungen wurden infrage gestellt. Die Gegend
namens Bendum ist vor dreißig Jahren Abholzungsgebiet
gewesen, und es waren kaum noch Bäume übrig. Doch mit
der Hilfe von Partnern hat es die Gemeinde geschafft, wieder eine der am dichtesten bewaldeten Gegenden der Region zu werden.

Der bedeutsamste Augenblick während meines ersten Be-
suchs war, als ich eines Morgens an einer Gemeinschaftsmes-
se teilnahm. Ich bin nicht katholisch und verstand auch die
Sprache nicht, aber ich war zu Tränen gerührt, als die Menschen zusammen sangen und beteten. Ihr Zusammengehö-
rigkeitsgefühl hat mich tief bewegt. Trotz aller Entbehrungen

sind sie unverwüstlich und bleiben sich selbst treu. Immer wenn mir Zweifel kommen und ich mich frage, warum ich das, was ich tue, überhaupt noch mache, denke ich an diesen Augenblick.

Der Klimawandel hat Einfluss auf die Wasser- und Nahrungsmittelversorgung auf den Philippinen. Zudem wirkt er sich aus auf die Menschenrechte und die Würde von Bauern, Fischern und indigenen Völkern, die in der Wirtschaft des Landes eine ausschlaggebende Rolle spielen.

* * *

Die größte Herausforderung für mich als jungen Aktivisten besteht darin, Leute dazu zu bringen, dass sie sich auf langfristige und schwierige Verpflichtungen festlegen, die unerlässlich sind, um wirklich mit Erfolg aktiv zu werden. Es ist eine Herausforderung, den notwendigen Einsatz zu organisieren, den man braucht, besonders in einem Entwicklungsland, wo man nur sehr schwer an Gelder kommt. Freiwilligenarbeit ist nicht immer frei verfügbar.

Der Klimawandel hat ein menschliches Gesicht.

Meinen Eltern ist mein Engagement heute recht, denn sie sehen, dass es Früchte trägt. Früher waren sie beunruhigt, dass ich zu viel arbeite und nicht genug Schlaf bekomme. Ihnen war auch unwohl dabei, dass ich meine Teilnahme an Veranstaltungen und Treffen von meinem eigenen Geld bezahlt habe. Mehrere Male haben sie mich gebeten aufzuhören, aber ich habe immer an meine Vision geglaubt und daran, dass meine Arbeit vielen jungen Menschen helfen kann.

AKARI TOMITA

16 Jahre
JAPAN/USA

Es gibt ein japanisches Wort, *mottainai*, das sich am besten mit »verschwenderisch« übersetzen lässt. *Mottainai* zu vermeiden ist in japanischen Haushalten eine Lebensart, eine feste Tradition. Dieser Vorstellung liegt der Gedanke zugrunde, der Umwelt unsere Dankbarkeit auszudrücken und nie irgendetwas zu verschwenden, kein Essen, keine Energie, keine anderen Güter, und immer gut auf seine Besitztümer und seine Umgebung zu achten.

Es ist wichtig, dass wir das tun, denn wir sind Teil der Natur. Dazu gehört auch, dass man sich eine angemessene Portion nimmt und die dann auch aufisst, dass man das Licht ausschaltet, wenn man es nicht braucht, und dass man mit allen Gegenständen sorgfältig umgeht. Ich bin mit diesem Prinzip aufgewachsen, meine Familie hat also auf gewisse Weise immer schon nachhaltig gelebt. Und doch gab es noch vieles zu verbessern: zu Hause, in der Schule und in unserem Stadtbezirk.

Deshalb setze ich mich für jugendliche Teilhabe und für »Zero Waste« ein. Mein Ziel ist es, dass kein Abfall mehr auf den Mülldeponien landet, sondern dass alles kompostiert oder recycelt wird. Das bedeutet auch, dass ich für weniger Plastik eintrete.

Wenn ich eine Sache mit einem Fingerschnippen ändern könnte, wäre das unsere Abhängigkeit von Plastik. Fast alles besteht aus Plastik oder ist in Plastik verpackt, egal, ob Lebensmittel, Kleidung, Güter des täglichen Bedarfs oder sonstige Waren. Diese Abhängigkeit von Plastik in Kombination mit unserer Konsumkultur ist sehr schädlich für die Umwelt. Es endet entweder auf Mülldeponien oder in der Landschaft und trägt so zum Anstieg von Treibhausgasen bei oder gefährdet die Flora und Fauna.

* * *

Ich habe die Natur schon früh im Dachgarten meines Großvaters in Tokio und auf Reisen durch verschiedene Nationalparks in Japan und Amerika lieben gelernt. Ich erinnere mich noch gut, dass ich sofort etwas tun wollte, als ich in der Grundschule von schmelzenden Eiskappen, von der Verschmutzung der Umwelt durch Plastik und von anderen verheerenden Problemen erfuhr. Also trat ich dem Umweltclub meiner Grundschule bei, dem »Green Team«, und seither bin ich in jeder Schule, die ich besucht habe, Mitglied des Umweltclubs geworden.

Eine der größten Herausforderungen als junge Aktivistin besteht darin, nicht unterschätzt zu werden – und zwar nicht nur von den Erwachsenen, sondern auch von den anderen jungen Menschen. Das Problem ist nämlich, dass viele Leute sich nicht verpflichtet fühlen zu handeln. Stattdessen lassen sie den Aktivismus eher gewähren oder unterstützen ihn nur aus der Ferne. Aber die Wahrheit ist, dass sich jeder engagieren muss. Es ist auch schwierig, in den Schulen etwas zu bewirken, denn es kann einen langwierigen Prozess bedeuten, etwas durch die Verwaltung zu bringen. Doch mit den richtigen Leuten und der richtigen Einstellung kann sich etwas ändern.

Ich bin nicht annähernd so wie Greta Thunberg oder einer der anderen großartigen jungen Aktivisten, die so viel zum Kampf gegen die Klimakrise beitragen. Ich tue nicht so viel, wie ich gern tun würde, und ganz sicher nicht so viel, wie ich tun sollte. Manchmal fällt es mir nach wie vor schwer, mir einzugestehen, wie dringlich die Klimakrise ist. Doch ich hoffe, ich kann denen, die ähnlich empfinden, einen Rat geben.

Mit den richtigen Leuten und der richtigen Einstellung kann sich etwas ändern.

Ich glaube, ganz wesentlich ist es, dass man immer motiviert bleibt. Ich bin motiviert, weil ich weiß, dass es auf der ganzen Welt Kinder gibt, die wegen des Klimawandels bereits schwerwiegenden Gesundheitsrisiken ausgesetzt sind. Der Gedanke, dass ich durch mein Handeln jemand anderen in meinem Alter verletze, schmerzt mich und zwingt mich dazu, mich der Realität zu stellen und zu begreifen, dass wir die Klimakrise nicht vernachlässigen dürfen.

Kämpft weiter! Dieser Planet kann ohne uns weitermachen – aber wir nicht ohne ihn.

NORDAMERIKA

KONTINENT: NORDAMERIKA

BEVÖLKERUNG: 580 MILLIONEN

DIE GRÖßTEN KLIMATISCHEN HERAUSFORDERUNGEN:

- **Eisschmelze** – Die Temperatur steigt in der kanadischen Arktis doppelt so schnell wie im globalen Durchschnitt. Vorhersagen zufolge werden Teile von Kanadas Nordpolarmeer in einigen Jahrzehnten während der Sommermonate große eisfreie Zonen haben.

- **Luftverschmutzung** – Steigende Temperaturen lassen die Ozonwerte am Boden ansteigen. Ozon ist ein Schadstoff, der Herz- und Lungenprobleme verursachen kann. In Nordamerika leben bereits mehr als 140 Millionen Menschen in Städten mit gefährlich hoher Luftverschmutzung.

- **Küstenerosion** – Fast alle wichtigen Städte der Karibik mit Millionen von Menschen und deren Infrastruktur liegen keine zwei Kilometer vom Meer entfernt. Der Anstieg der Meeresspiegel bedroht den Lebensraum von Millionen und die Wirtschaft der Inseln, die stark vom Tourismus an den Küsten abhängig ist.

- **Temperaturanstieg** – Steigende Temperaturen werden immer häufiger zu Hitzewellen und Dürreperioden führen, besonders in Mittelamerika und im Südwesten von Nordamerika. Um 2100, so die Prognosen, muss man alle zwei bis drei Jahre in den gesamten USA mit extrem heißen Tagen rechnen. Heute treten sie in der Regel nur alle zwanzig Jahre auf.

CECILIA LA ROSE

16 Jahre
KANADA

Versetzt euch einmal in meine Lage, und stellt euch vor, ihr wärt so alt wie ich. Ihr dürft noch nicht wählen, und die Regierenden in eurem Land machen ihre Arbeit nicht gut. Ich möchte, dass ihr nachvollziehen könnte, wie viel Angst ich habe, wie sehr ich mich jeden Tag um meine Familie sorge und wie ich mit mir gerungen habe, ob ich mich lieber um meine Schulbildung oder um meine Zukunft kümmern soll.

Seit einiger Zeit besuche und organisiere ich nun schon Proteste und appelliere an die kanadische Regierung, unsere Zukunft zu schützen. Wenn ich nicht auf Protestkundgebungen bin, engagiere ich mich dort, wo ich wohne. Ich spreche häufig mit Politikern über die Klimakrise und dränge sie, die Probleme bei der Bundesregierung in Ottawa vorzutragen.

Vor Kurzem habe ich gemeinsam mit vierzehn anderen Geschädigten eine Klage gegen die Regierung angestrengt, wegen ihrer Untätigkeit und weil sie wissentlich zur Klimakrise beiträgt. Wir haben uns zu diesem Schritt entschlossen, weil wir die Auswirkungen des Klimawandels am eigenen

Leib spüren. Wir finden, dass unsere Regierung sich dafür verantworten muss. Das ist etwas ganz anderes als mein Aktivismus, es ist sehr viel persönlicher. Bei dieser Klage geht es um *uns*. Wir stehen für junge Menschen aus dem ganzen Land und müssen der Regierung klarmachen, dass wir die Zeche für ihr Handeln bezahlen müssen – und dass wir das nicht dulden.

Das, was ich tue, ist zu einem großen Teil dem Einfluss meiner Eltern zu verdanken. Unsere Familie hat schon an Protestaktionen teilgenommen und über Politik gesprochen, als ich noch ganz klein war, es wird meine Eltern also nicht allzu sehr überrascht haben, dass ich so geworden bin. In unseren politischen und gesellschaftlichen Ansichten gibt es natürlich Punkte, in denen wir unterschiedlicher Meinung sind, aber das weiß ich zu schätzen. Es hat mich gelehrt, aufgeschlossener zu sein und Dinge von einem anderen Standpunkt aus zu betrachten.

* * *

Als einen jungen Menschen übersieht man mich leicht. Erwachsene sind es nicht gewohnt, Anweisungen von Menschen entgegenzunehmen, die jünger sind als sie. Aber hier geht es um das größte Problem der Menschheit, und es sind die jungen Leute, die sich in diesem Bereich als Anführer hervortun. Wir behaupten nicht, dass wir Experten oder Wissenschaftler sind, die sagen sollten, wo es langgeht. Wir haben uns lediglich die Fakten angesehen und fragen uns, warum wir nicht alles tun, was getan werden muss, um unsere Zukunft zu schützen. Wir jungen Leute haben bewiesen, dass wir durchaus in der Lage sind, das Problem zu erkennen. Jetzt ist es an der Zeit, dass diejenigen, die an der Macht sind, uns zuhören.

Es ist wirklich ermüdend, wenn einem ständig gesagt wird, man solle doch zurück in die Schule gehen. Das hier ist ein Klimanotstand! Und das bedeutet, dass wir nicht einfach so weitermachen können wie bisher. Unsere schulische und universitäre Ausbildung und unsere persönlichen Erfolge sind für uns nicht mehr das Wichtigste im Leben – wir haben größere Ziele, und für die werden wir kämpfen.

Wir haben allen Grund, um unsere Zukunft zu fürchten, aber das ist keine Entschuldigung fürs Nichtstun. Ich habe jeden Tag Angst, und was mir dagegen am besten geholfen hat, ist meine Stimme zu erheben und meine ganze Energie daranzusetzen, den Wandel herbeizuführen. Verwandelt eure Furcht in Taten und macht euch an die Arbeit! Sprecht mit euren Freunden, eurer Familie und euren Politikern. Fordert in jedem Bereich eures Lebens und auf jeder staatlichen Ebene, dass gehandelt wird!

Wenn unsere Parteien lieber mal über unterschiedliche politische Ansichten diskutieren würden statt über naturwissenschaftliche Tatsachen!

Wenn es hoffnungslos aussähe, würde ich das alles nicht tun, dann würde ich mit meinen Freunden abhängen und bis drei

Uhr morgens lesen. Es gibt vieles, was ich lieber tun würde, aber solange es Hoffnung gibt, bin ich dabei. Dass junge Menschen aktiv sind, sollte andere optimistisch stimmen. Wir können unsere Ziele erreichen! Es wird nicht leicht werden, aber es ist möglich.

KAREL LISBETH MIRANDA MENDOZA

27 Jahre
PANAMA

Ich bin auf dem Land aufgewachsen, umgeben von wundervoller Natur. Panama liegt in den Tropen und bietet eine riesige Vielfalt an Tieren und Pflanzen.

Aber mein Land ist durch den Klimawandel sehr stark gefährdet, denn Panama hat zwei Küsten, eine zum Atlantik, die andere zum Pazifik. Der Anstieg der Meeresspiegel trifft die Küstenorte, insbesondere die Orte der Kuna, eines indigenen Volkes, auf den San-Blas-Inseln. Sie werden gezwungen, ihre Heimat zu verlassen. Außerdem ist unsere Wirtschaft sehr stark vom Panamakanal abhängig, der die beiden Ozeane miteinander verbindet und eine wichtige Durchfahrtsroute für den Schiffsverkehr darstellt. Der Kanal ist abhängig vom Wasserstand zweier Seen, dem Alajuelasee und dem Gatúnsee, die ihn hauptsächlich speisen. Aber durch den Klimawandel ändern sich Häufigkeit und Länge der Regenfälle. Das führt manchmal zu einem niedrigeren Wasserstand in diesen Seen und bedroht damit die sichere Durchfahrt von Schiffen durch den Kanal.

Die Folgen des Klimawandels verschärfen sich. Der Temperaturanstieg der letzten Jahre beschränkt mich in dem, was ich zu bestimmten Tageszeiten tun kann. In Zukunft werde ich vielleicht tagsüber nicht mehr aus dem Haus gehen können, um meinen gewohnten Tätigkeiten nachzugehen, weil es zu heiß ist. Es könnte auch zu Mangel an Nahrung und Wasser kommen. Vor einer solchen Zukunft habe ich Angst.

Ich habe beobachtet, wie der Ort, an dem ich aufgewachsen bin, sich über die Jahre hinweg verändert hat, bis er kaum noch wiederzuerkennen war. Der Grund waren schlechte landwirtschaftliche Methoden, Abholzung und Umweltverschmutzung.

Aber ich brauche euch nicht zu erzählen, was los ist. Schaut euch nur einmal um, wie sich alles verändert, wie sich das Wettergeschehen verändert, wie sich die Natur verändert.

* * *

Als ich auf dem College vom Klimawandel erfahren habe, hatte ich Angst, dass niemand etwas dagegen unternimmt. In Panama interessieren sich nur wenige junge Leute ernsthaft für den Klimawandel. Die größte Herausforderung ist also der fehlende Einsatz jüngerer Menschen in gefährdeten Ländern wie dem meinen.

Meine Kampagne zielt darauf ab, zu verändern, wie wir leben, konsumieren und wegwerfen. Ich setze mich auch dafür ein, dass die Entscheidungsträger auf lokaler und regionaler Ebene und in der ganzen Welt damit aufhören, der Umwelt im Namen des wirtschaftlichen Profits zu schaden.

Zusammen mit einer Gruppe von vierunddreißig jungen Leuten habe ich das Jugendnetzwerk »Youth Against Climate Change in Panama« ins Leben gerufen. Ich glaube, die erfolgreichste Art, bei jungen Leuten in Panama Bewusstsein für den Klimawandel zu wecken, wäre die: Man sollte Umwelterziehung mit praktischen Übungen zur Eindämmung der Umweltverschmutzung koppeln, den jungen Leuten zeigen, dass sie zur Lösung beitragen können, und das Ganze in die sozialen Netzwerke stellen, damit es andere junge Leute sehen. Meine Mutter unterstützt meine Arbeit im Jugendnetzwerk. Sie hat sogar einiges an ihren Lebensgewohnheiten verändert, denn sie betrachtet vieles, was geschieht, jetzt viel bewusster.

Lasst eure persönlichen Interessen beiseite und handelt heute! Morgen ist es zu spät.

Es war ein wunderbare Erfahrung, 2019 am Jugendklimagipfel der UN teilzunehmen. Ich habe erfahren, was junge Menschen in anderen Ländern unternehmen, und ich habe begriffen, welche Rolle Kommunikation und Technologie spielen, wenn man Menschen für die Klimabewegung mobilisieren will. Bei dieser wichtigen Veranstaltung haben wir jungen Leute nicht nur Lösungsvorschläge unterbreitet, sondern viel übers Verhandeln gelernt und Probleme diskutiert. Wir haben uns Gehör verschafft und von den Politikern aus aller Welt konkrete Lösungen verlangt. Mich haben die jungen Leute begeistert, die sich in ihrem Alter schon bewusst sind, dass die Menschheit vor der schlimmsten Krise aller Zeiten steht, und dafür ihren Lebensstil ändern und auf die Straße gehen.

Aber die Basis allein kann dieses Problem nicht lösen. Die Regierungen müssen sich verpflichten, neue und strengere Umweltrichtlinien auf den Weg zu bringen und die geltenden nationalen und internationalen Vorschriften auch umzusetzen. Lasst uns die Generation sein, die den Planeten rettet – und nicht diejenige, die ihm den Rest gibt!

> Der Panamakanal ist eine Wasserstraße von 82 Kilometer Länge, die den Atlantischen und den Pazifischen Ozean miteinander verbindet. Er ermöglicht 3 Prozent des weltweiten Seehandels und trägt mehr als 10 Prozent zu den jährlichen Staatseinnahmen von Panama bei.

EMMA-JANE BURIAN

18 Jahre
KANADA

Ich habe den größten Teil meiner Kindheit am Burnaby Mountain verbracht, in der Nähe von Vancouver in der Provinz British Columbia – an der Trans-Mountain-Pipeline. An vielen Wochenenden ist mein Vater mit meiner Schwester und mir in den Burnaby Mountain Park gegangen. Neben dem Weg, den wir entlangspazierten, wuchs hohes Gras, viele Blumen blühten und Bienen summten. Und außerdem ragten neben diesem Weg große gelbe Schilder aus dem Boden: *ACHTUNG! Hochdruck-Erdöl-Rohrleitung. Rufen Sie an, ehe Sie graben!*

Mein Vater erklärte uns, dass durch diese Pipeline Öl fließt. Wenn hier jemand einfach so im Boden graben würde, könnte die Rohrleitung platzen, und das Öl würde die ganze Gegend verschmutzen. Das beschäftigte mich als Siebenjährige ganz gewaltig. Damals ahnte ich noch nicht, dass diese Pipelines für fossile Brennstoffe Teil meines Lebens bleiben würden, auch nachdem ich diese gelben Schilder bei einem Umzug weit hinter mir gelassen hatte.

* * *

Die Temperatur in Kanada steigt doppelt so schnell wie die globale Durchschnittstemperatur. Eis und Permafrostböden im Norden des Landes tauen rasch ab, und das ist Grund zur Besorgnis, sowohl für die Tier- und Pflanzenwelt als auch für die Menschen, die dort leben. Die Versorgung mit Frischwasser beginnt bereits, zum Problem zu werden, und das ist erst der Anfang. Der Klimawandel hat auch Einfluss auf die Ernten in Kanada, denn mancherorts regnet es sehr stark und anderswo kaum. Trockenperioden können auch auf andere Weise verhängnisvoll sein: 2017 war in British Columbia das Jahr mit den meisten Bränden seit Beginn der Aufzeichnungen. Viele meiner Freunde, die im Landesinneren und im Norden leben, mussten ihre Häuser verlassen, und ich machte mir große Sorgen um sie.

Ich bin der Klimastreik-Bewegung beigetreten, weil ich die wissenschaftlichen Hintergründe verstehe, die dem Klimawandel zugrunde liegen. Doch weil ich jung war, hörte sich niemand meine Bedenken an. Streiken war endlich eine ganz konkrete Sache, die ich machen konnte, um mir Gehör zu verschaffen und etwas zu bewirken. Nichts zu tun ist schlicht Selbstmord, und ich denke nicht daran, künftigen Generationen ein so schreckliches Vermächtnis zu hinterlassen.

Seither habe ich zahllose Stunden damit zugebracht, alles Mögliche rund um die Klimakrise zu organisieren, wenn ich eigentlich Hausaufgaben hätte machen sollen oder andere Dinge, die Teenager normalerweise tun. Auch mit meiner Familie habe ich leider weniger Zeit verbracht.

Für mich war es schwierig, den Umgang mit den Medien zu lernen, mit dem Hass, der mir online entgegenschlug, und das alles mit der Schule in Einklang zu bringen. Aber was für mich als junge Aktivistin am aufreibendsten ist, ist das Gefühl, dass man es nicht schaffen kann. Alle Welt sagt dir immer wieder, dass du zu jung bist. Und es ist schwierig, das irgendwann nicht selbst zu glauben.

Selbst wenn wir diese Widerstände überwinden und etwas tun, ist es schwierig, auf das zu vertrauen, was wir aufgebaut haben. Wir jungen Aktivisten haben das Gefühl, als hätten wir keine Ahnung, was wir tun. Wir waren ein Haufen junger Leute, die sich anfangs mithilfe von Videokonferenzen und sozialen Medien zusammengefunden haben. Doch heute sind wir eine ganze Organisation. Wir streiken an jedem ersten Freitag im Monat. Am 27. September 2019 protestierten mehr als 20 000 Menschen auf den Straßen von Victoria und verlangten ein Handeln in Klimafragen.

Mich in der Klimagerechtigkeitsbewegung zu engagieren ist das Beste gewesen, was ich in meinem Leben bisher gemacht habe. In der Gemeinschaft, die wir geschaffen haben, finden sich die erstaunlichsten und tollsten Leute, die einander unglaublich anregen. Mitglied dieser Gemeinschaft zu sein, hilft mir sehr, mit der Klimaangst und den Sorgen um die Zukunft zurechtzukommen.

* * *

Ein weit verbreiteter Irrglaube über junge Menschen ist die Vorstellung, wir wären einfach kleinere und unfähigere Erwachsene. Klein mögen wir vielleicht sein – aber unfähiger sind wir auf keinen Fall. Wir bringen wertvolle Perspektiven und Fähigkeiten ein, die Erwachsene möglicherweise nicht haben. Und wir besitzen auch eine ganz wesentliche Eigenschaft, die man braucht, wenn man Wandel bewerkstelligen will: Wir wehren uns dagegen, einfach wieder zur Tagesordnung überzugehen.

Wenn ich eines an diesem Land ändern könnte, wäre es die Art und Weise, wie die Regierung mit der indigenen Bevölkerung umgeht. Hier kommt ganz deutlich zum Ausdruck, dass die Regierung sich nach wie vor mehr um Geld als um Menschenrechte kümmert. Das ist auch der Grund, warum Kanada noch immer so weit hinter seinen Klimazielen zurück ist. Und es zeigt auch, wie sehr unsere öffentlichen Institutionen auf rassistischen und ungerechten Idealen gründen.

Ich wünschte mir wirklich, ich könnte in der Zeit zurückreisen und die Geschichte umschreiben. Weil ich das aber nicht kann, setze ich mich mit allen Mitteln dafür ein, eine bessere Zukunft zu gestalten.

ANYA SASTRY

18 Jahre
USA

Meine erste Begegnung mit Aktivismus überhaupt hatte ich nach der US-Präsidentschaftswahl 2016. Donald Trump, der Kandidat, der soeben in das höchste Staatsamt gewählt worden war, handelte allem zuwider, woran ich glaubte.

Ich erkannte, dass es nicht ausreicht, sich der herrschenden Probleme der Welt einfach nur bewusst zu sein. Entscheidend ist es, die Mechanismen der Unterdrückung und Ungleichheit zu bekämpfen, indem man für diejenigen eintritt, die zum Schweigen gebracht oder ignoriert werden. Wir müssen andere unterstützen und ihre Stimmen verstärken, wenn wir eine gerechtere Gemeinschaft schaffen wollen, in der alle für sich selbst und ihre Rechte eintreten können.

Ich wurde mir der Klimakrise und der Notwendigkeit, etwas gegen sie zu unternehmen, erst so richtig bewusst, als der Weltklimarat 2018 seinen richtungsweisenden *Sonderbericht 1,5°C globale Erwärmung* veröffentlichte. Der Satz: »Zwölf Jahre noch, in denen wir handeln können« fand nicht nur bei mir Widerhall, sondern bei jungen Menschen überall auf der Welt.

Durch diese Worte begriffen wir endlich, dass unsere Zukunft und unsere Chance auf ein erfüllendes Leben bedroht waren.

* * *

Die Klimakrise betrifft viele Städte und Regionen in den Vereinigten Staaten auf vielerlei Art und Weise. Im Verlauf des vergangenen Sommers habe ich eine Filmdokumentation über zwei Gemeinden gedreht, eine in Minnesota und eine in Chicago, und darüber, wie sie von der Klimakrise und all den damit einhergehenden Ungerechtigkeiten betroffen sind.

Im nördlichen Minnesota baut ein kanadisches Unternehmen eine Pipeline durch indigenes Land. Durch diese Pipeline wird die schlimmste Art von Öl fließen, Öl aus Teersand, und wenn (nicht: falls) diese Leitung undicht wird, wird die Biodiversität in dieser Gegend dauerhaft geschädigt und Ressourcen, auf die die indigene Bevölkerung angewiesen ist, werden zerstört. Das ist eine Ungerechtigkeit, ein Affront gegen die indigene Souveränität und eine Umweltkatastrophe.

Die andere Gemeinde ist als »Little Village« bekannt und liegt im Herzen von Chicagos Industriegebiet. Die Bewohner von Little Village haben durch die Kraftwerke, Fabriken und Lastwagen in ihrem Stadtbezirk täglich mit einer hohen Umweltverschmutzung durch fossile Energieträger zu kämpfen. Die Kinder wachsen mit Asthma und anderen gesundheitlichen Problemen auf.

Die gleichen Schwierigkeiten wie diese beiden Gemeinden haben auch viele andere Orte im ganzen Land. Und das ist nicht das Schlimmste an der Klimakrise. Wenn die von uns gewählten Amtsinhaber nicht sofort Gesetze zum Klimaschutz machen und auch entsprechend handeln, wird sich die Situation noch verschärfen: Wir werden keine lebenswerte Zukunft mehr haben.

Ich konzentriere mich in meinem Aktivismus deshalb auf drei Bereiche. Zum einen möchte ich Politiker daran hindern, dass sie Geld aus dem Bereich fossile Energieträger annehmen. Außerdem engagiere ich mich gegen die weitere Errichtung von Infrastruktur in ebendiesem Bereich – insbesondere in Gemeinden, die durch ihre ethnische Zugehörigkeit oder ihren sozioökonomischen Status sowieso schon benachteiligt werden. Und ich setze mich für Elemente aus dem »Green New Deal« ein, damit sie durch den Kongress kommen und so eine ökologische Wende einläuten können. Auf regionaler Ebene heißt das, dass ich mit Lokalpolitikern zusammenarbeite, um Gesetze zu verabschieden, zum Beispiel, dass die Schulen endlich die Klimakrise im Unterricht behandeln.

Politische Führungskräfte müssen dem Leben ihrer Bürger eine höhere Priorität einräumen als Macht und Geld.

Der emotionale und mentale Druck, dem wir jugendliche Aktivisten uns aussetzen, ist unglaublich. Jeden Tag muss ich von Neuem ein Gleichgewicht finden zwischen der Belastung durch Lehrveranstaltungen, fordernden außerschulischen Aktivitäten, Bewerbungen fürs College und den Beziehungen zu Familie und Freunden, wie jede andere Schülerin auch. Darüber hinaus nehme ich mir Zeit für stundenlange Telefonkonferenzen, Presse-Interviews, Teamsitzungen, Graswurzel-Kampagnen, Events und Demonstrationen. Das ist eigentlich so, als hätte man zusätzlich eine Vollzeitstelle. Was diesen »Beruf« so herausfordernd macht: Er beschäftigt sich mit einigen der wichtigsten Probleme der Gesellschaft. Um es mal einfach zu formulieren: Wir sind Kinder, die ungeheuer viel von uns selbst hingeben, unser emotionales Wohlergehen und unsere geistigen Kapazitäten, um gesellschaftliche Probleme zu bekämpfen und uns Lösungen zu überlegen, damit unsere Welt besser wird.

Zum Glück sind meine Eltern wunderbar und unterstützen mich bei dem, was ich tue. Sie haben mich so erzogen, dass ich mir der globalen Probleme der Welt bewusst bin, ich über aktuelle Ereignisse Bescheid weiß und einen klaren Blick auf die sozialen Ungerechtigkeiten und die Missstände auf der Welt habe – und das hat mich zu dem angespornt, was ich heute tue. Sie haben mir auch geholfen, als Aktivistin zu wachsen, indem wir miteinander diskutiert und sie hohe Anforderungen an mich gestellt haben, damit ich mir wirksamere Lösungsansätze überlege.

Wenn ich auf Widrigkeiten stoße und das Gefühl habe, ich müsste bald aufgeben, denke ich an die unglaubliche Kraft all jener, mit denen ich täglich zusammenarbeite. An alle, die sich in der Klimabewegung engagieren. An all jene, die gewaltige Opfer bringen und Zeit, Energie und finanzielle Mittel einsetzen, um in ihren Gemeinden etwas zu verbessern.

Wenn ihr euch wegen der Klimakrise Sorgen macht und privilegiert genug seid, um handeln zu können, dann nutzt bitte eure Zeit und eure Energie, wie auch immer es euch möglich ist. Ich bitte euch dringend: Lasst euch in eurem Handeln vom Konzept der Umweltgerechtigkeit leiten. Bezieht es in eure Lösungsansätze ein, in eure Initiativen. Integriert es in eure Gespräche über die Klimakrise, seien sie offizieller oder privater Natur. Macht mit bei Graswurzel-Aktionen und Organisationen, die aktiv gegen Ungerechtigkeiten in Sachen Umwelt vorgehen, sei es an eurem eigenen Wohnort oder irgendwo in eurer Umgebung. Und am wichtigsten: Benutzt eure eigenen Plattformen, um die Stimmen derjenigen zu verstärken, die in vorderster Linie stehen, und jene zu unterstützen, die Zeit, Energie und Kraft investieren, um sich und alle, die sie lieben, vor dieser Krise zu schützen.

Durch die USA verlaufen mehr als 112 000 Kilometer Pipelines mit Rohöl. Es wird unter ungeheurem Druck transportiert, und so kann es im Fall schadhafter Rohre zum Austritt von Öl kommen. Seit 2010 sind aus diesen Pipelines ungefähr 34 Millionen Liter Öl ausgelaufen.

RICARDO ANDRES PINEDA GUZMAN

22 Jahre
HONDURAS

Viele Leute wissen nicht, dass Honduras siebzehn Jahre lang im Klima-Risiko-Index an erster Stelle stand als das Land, das am stärksten von extremen Wetterereignissen betroffen ist. Die meisten Honduraner glauben, dass die Regierung andere Probleme wie Armut, Sicherheit und Korruption vorrangig behandeln sollte. Ihnen ist nicht klar, dass die Folgen des Klimawandels sich bereits als wesentlich zerstörerischer erwiesen haben.

Durch mein Land verläuft der sogenannte mittelamerikanische Trockenkorridor, der sich sehr negativ auf die Ernten auswirkt und viele Menschen zur Abwanderung zwingt. In anderen Landesteilen führen heftiger gewordene Regenfälle zu zerstörerischen Überflutungen. Richtig rund gehen wird es aber, wenn der nächste Hurrikan kommt. Honduras liegt zwischen dem Atlantischen und dem Pazifischen Ozean. Wenn der nächste Hurrikan auch nur ansatzweise so wird wie der letzte, Hurrikan Mitch, wird er alles zerstören, was auf seinem Weg liegt.

Daher halte ich es für unverzichtbar, meine Stimme zu erheben. Bei den Menschen in Honduras ein Bewusstsein für den Klimawandel zu wecken ist hier wichtiger als an jedem anderen Ort der Welt.

Alles begann damit, dass ich ein Buch zur Hand nahm, das mein Vater mir geschenkt hatte, als ich zwölf war: *Eine unbequeme Wahrheit* von Al Gore. Ich stand nicht gerade auf dicke Bücher, aber ich interessierte mich für die Abbildungen und Diagramme. Das führte dazu, dass ich mich acht Jahre später fragte, was Al Gore jetzt wohl so macht. Ich folgte ihm nach Los Angeles und traf schließlich 2019 persönlich mit ihm zusammen. Sein Buch war der Auslöser für mein Interesse an Klimafragen. Ich danke ihm und richte mein Leben darauf aus, auf eine globale Lösung hinzuwirken.

Junge Menschen sind die wichtigsten Akteure in diesem Kampf. Wenn die Mächtigen der Welt über Klimaziele für 2030 oder 2050 reden, dann sprechen sie über die Welt, die wir erben werden. Einige von uns werden dann Firmenchefs oder einflussreiche Politiker sein. Deshalb müssen wir junge Menschen jetzt informieren und sie in die Lage versetzen, dieser Krise gegenüberzutreten. Für uns steht am meisten auf dem Spiel.

Im Jahr 1998 wütete Mitch, ein Hurrikan der Kategorie 5, in Honduras. Nur ein einziger anderer tropischer Wirbelsturm hat in Mittelamerika mehr Leben gefordert – durch Mitch starben mehr als 11 000 Menschen. Der Klimawandel erwärmt die Ozeane, was die Hurrikans in Zukunft vermutlich noch heftiger werden lässt.

CRICKET GUEST

22 Jahre
KANADA

Viele indigene Menschen finden über ihre Kultur zum Aktivismus. Als Indigene fühlen wir uns oft so, als hätten wir gar keine andere Wahl, als Aktivisten zu werden, häufig wird man einfach da hineingeboren. Ich habe den umgekehrten Weg genommen: Mein Aktivismus hat mich zu meiner Kultur zurückgeführt.

Ich bin eine weiß aussehende (oder als weiß durchgehende) Anishinaabekwe Métis. Meine alleinerziehende weiße Mutter hat mich in einer winzigen Stadt mit überwiegend weißer Bevölkerung großgezogen. Anfangs nahm sie mich zu einem indigenen Bildungszentrum in der Stadt mit, aber als ich ungefähr vier war, wurden dort die Mittel gekürzt. Es gab also keinen Ort, an dem ich etwas über meine Kultur lernen konnte. Doch als ich später mehr über unser Land und die zerstörerischen Folgen von Kapitalismus, Kolonialismus und Patriarchat erfuhr, führte mich das wieder zu meinem Volk. Es führte mich zu denen, die das Land verteidigen, und zu ihren Lehren, und plötzlich fühlte ich mich nicht mehr so einsam, so fremd oder grundlegend anders als jeder sonst. Dass ich meine indigene Kultur wiedererlangt und neu erlernt habe, ist für meinen Weg zum Klima-Aktivismus ganz entscheidend gewesen.

Mein Aktivismus hat mir geholfen, Zusammenhänge herzustellen. Jetzt begreife ich, warum ich so vehement für Gerechtigkeit eintrete, für Frauen, People of Color, LGBTQ+, Tiere und das Land – weil das alles miteinander zusammenhängt. Immer wenn eine dieser Gruppen ungerecht behandelt wird, führt das dazu, dass alle schlecht behandelt werden.

Zum ersten Mal kam ich mit Aktivismus in Berührung, als ich zwölf Jahre alt war. Ich fing an, die Welt aus einem anderen Blickwinkel zu betrachten, und forderte Systeme heraus, von denen ich bis dahin nicht gewusst hatte, dass sie mich beeinträchtigten.

Und so wurde ich von dem Mädchen, das in der Schule zu schüchtern war, um sich zu melden, auch wenn es die richtige Antwort wusste, gegen Ende meiner Zeit auf der Highschool zu der Person, von der man meinte, dass sie »am wahrscheinlichsten eine Diskussion vom Zaun bricht«. Später, mit sechzehn, begann ich, mich mit Umweltproblemen zu befassen, insbesondere damit, wie nachteilig sich die Kolonisierung und die Überlegenheit der Weißen in der Agrarbranche auswirken und zu so viel Zerstörung und Leid geführt haben – sowohl im Hinblick auf das Land als auch auf die Tierwelt.

Ich arbeite mit »Fridays for Future Toronto« zusammen und bin dort die indigene Kontaktperson. Ich möchte sicherstellen, dass indigene Stimmen beim Thema Klimagerechtigkeit gesammelt und gebündelt werden, statt nur als Alibi herzuhalten. Ich hoffe, ich kann dazu beitragen, dass sich indigene Menschen bei ihrem Einsatz sicher fühlen, denn wir indigene Menschen wissen nie, was uns erwartet, wenn wir uns in eine große Ansammlung von überwiegend nicht indigenen Menschen begeben.

Noch immer erlebe ich, dass viele weiße Klimaaktivisten indigene Menschen angreifen, wenn diese über indigene Souveränität sprechen. Sie sind nicht in der Lage, die wichtige und entscheidende Wechselbeziehung zu erkennen, die zwischen Souveränität und Klimagerechtigkeit besteht. Ein Großteil meiner Arbeit besteht in dem Versuch, diese Kluft zu überbrücken, damit Außenstehende die Bedeutung jener, die sich für Landrechte einsetzen, in diesem Kampf erkennen. Es ist nicht so einfach, wie Bäume zu pflanzen oder zum Veganer zu werden, es geht darum, sich mit den Kolonialsystemen zu befassen und sie zu demontieren. Sie haben unsere Mutter Erde verpestet und töten sie.

Eine meiner unvergesslichsten Erfahrungen hatte ich, als ich zum ersten Mal überhaupt in der Öffentlichkeit ein indigenes Lied sang, bei einer Klimakundgebung vor Tausenden von Menschen. Es war ein schöner und surrealer Augenblick für mich. Die Musik meines Volkes zu erlernen und zu singen, hat für mich eine heilende Wirkung, aber normalerweise behalte ich so etwas für mich. Und doch wollte ich bei diesem Klimamarsch den »Kriegsgesang der Frauen« vortragen, um die verschwundenen und ermordeten indigenen Frauen zu ehren.

Ich muss noch immer vieles lernen, mir fehlen so viele Antworten. Und manchmal habe ich den Eindruck, dass man den jungen Menschen genau das zum Vorwurf macht. Ich bin in einer Phase meines Lebens, in der ich viel zuhören muss, um zu wachsen und zu lernen, aber manchmal werde ich in Situationen hineingeworfen, in denen ich mehr sprechen als zuhören muss. Das ist zuweilen ein schwieriger Balanceakt. Ich bin der Meinung, als junge Aktivisten sind wir stark und klug. Aber ich muss mir noch immer die Zeit nehmen, den Ältesten zuzuhören und von ihnen zu lernen.

Mein Vater ist tot, aber meine Mutter unterstützt mein Engagement. Obwohl sie selbst nicht offen politisch ist, bestärkt sie mich in meinen Ansichten und hält das, was ich tue, für wichtig. Sie ist stolz auf mich, und dafür bin ich dankbar.

In meiner Kultur glauben wir, dass wir für die sieben Generationen vor uns und für die sieben Generationen nach uns leben, und wir müssen bei dem, was wir tun, an alle beide denken. Ich hoffe, dass ich diese Erde besser verlassen kann, als ich sie vorgefunden habe. Das ist unsere einzige Möglichkeit, wenn wir möchten, dass noch sieben Generationen nach uns leben können.

Die Métis sind eine von drei anerkannten indigenen Volksgruppen in Kanada. Die anderen beiden sind die First Nation und die Inuit. Im ganzen Land bezeichnen sich über 500 000 Menschen als Métis.

LIA HAREL

19 Jahre
USA

Als ich in die zehnte Klasse kam, lernte ich die Leute kennen, die den »Earth Club« meiner Schule leiteten: eine Gruppe mutiger Schüler aus dem Abschlussjahrgang, die nach jedem dritten Satz lachten und nie auf jemanden wie mich, die ich aus der Unterschicht stamme, herabschauten. Bei jedem wöchentlichen Treffen des »Earth Club« wuchs unsere Vertrautheit, und es entstanden Freundschaften, die auf Vertrauen und Mitgefühl gründen.

Sie nahmen mich mit zu meinem ersten Treffen junger Umweltaktivisten in den Räumen der »Climate Generation« in Minneapolis. Als ich hereinkam, erwartete ich, das übliche eintönige Gemurmel über die Rettung von Eisbären zu hören, aber stattdessen lauschte ich Diskussionen über Klimagerechtigkeit, über die Bedeutung von indigenem Land und über Taktiken bei der Lobbyarbeit. Am meisten beeindruckte mich, dass die Menschen, die diese Diskussionen leiteten, so jung waren. In ihren Stimmen war eine Zuversicht, dass wir die Hindernisse überwinden könnten, denen wir uns ge-

genübersahen, und in ihren Augen sah ich Leidenschaft auf-
blitzen, dass wir die Macht hätten, echte Veränderung zu bewirken. Ich spürte eine Wärme im Raum, eine Wärme, wie
sie nur die Energie einer Gemeinschaft hervorbringen kann.

* * *

Meine Kampagnenarbeit begann zunächst auf lokaler Ebene. Ich nahm die Hilfe von »iMatter« in Anspruch, einer bun-
desweiten Organisation, die junge Menschen unterstützt,
die ihre Stadtverwaltung dazu bringen wollen, Klimaschutzmaßnahmen zu ergreifen. Ich beschloss, meine Stadt Minnetonka aufzufordern, sich stärker im Klimaschutz zu engagieren.

Gemeinsam mit zwei anderen Schülern meiner Schule stellten wir Recherchen an: zum Einsatz erneuerbarer Energien in
der Stadt, zur Abfallwirtschaft, zu Strategien der Schadstoff-
reduktion und zu den Bemühungen, von der Kohle wegzu-
kommen. Wir stellten fest, dass Minnetonka bereits bedeutende Schritte unternahm, um unsere Stadt nachhaltiger zu
machen. So hat die Stadt sich das Ziel gesetzt, zu 100 Prozent
auf Solarenergie umzusteigen. Auf diese Art und Weise wird
sie im Verlauf von fünfundzwanzig Jahren 13 Millionen Dollar sparen. Doch es gibt immer Möglichkeiten, noch mehr zu
tun, um die Folgen der Klimakrise abzumildern. Am 30. April 2018 stellten wir dem Stadtrat unsere Ergebnisse vor und
forderten ihn auf, einen Klima-Aktionsplan zu erstellen und
sich zu seiner Durchführung zu verpflichten. Das Ziel war,
im gesamten Stadtgebiet bis zum Jahr 2030 zu 100 Prozent

auf regenerativen Strom umzusteigen und bis zum Jahr 2040 die Treibhausgasemissionen auf null zu reduzieren.

Da die Klimakrise für die Stadtverwaltung nicht an erster Stelle stand, kostete es uns mehr als ein Jahr, um Fortschritte zu machen und einen offiziellen Vorschlag zu entwickeln, den die Stadt prüfen könnte. Doch auf dem Weg dorthin waren wir nicht allein. Uns schlossen sich Führer verschiedener Glaubensgemeinschaften und Geschäftsleute an, Ehrenamtliche, die unseren Aufruf zum Handeln gehört hatten und mitmachen wollten. Gemeinsam bildeten wir eine generationenübergreifende Gruppe names »Minnetonka Climate Initiative«. Wir sind noch immer aktiv, und wir sind zuversichtlich, dass wir gemeinsam mit der Stadt unsere Ziele vorantreiben und sicherstellen können, dass die Klimapolitik nicht länger als zweitrangig behandelt wird.

Während meiner Zeit als Klimaaktivistin in Minnetonka habe ich andere junge Aktivisten getroffen, die in ihren Städten bedeutende Veränderungen erreicht haben. Im Sommer 2018 trafen wir uns, um unser Wissen aus der Kampagnenarbeit auf Lokalebene anzuwenden und eine jugendgeführte Kampagne für den kompletten Bundesstaat ins Leben zu rufen. Wir nannten sie »Minnesota Can't Wait« und sie sollte eine Art Dachverband sein, der viele Klimakampagnen mit einer gemeinsamen Botschaft zusammenbringt. Unser Drei-Punkte-Programm umfasste: 1) Treibhausgasemissionen regulieren, 2) den Bau und die Entwicklung von neuer Infrastruktur für fossile Energieträger im ganzen Bundesstaat stoppen und 3) den Gesetzentwurf zum »Minnesota Green

New Deal« durchbringen, den wir dann auch formuliert und während der Legislaturperiode 2019 eingebracht haben.

Obwohl unser Gesetzentwurf letztlich nicht angenommen wurde, gab es an dieser Kampagne doch vieles zu feiern, denn wir haben dazu beigetragen, dass das Gespräch über Klimafragen jetzt nicht mehr nur auf lokaler Ebene, sondern auf der des Bundesstaats geführt wird. Durch zahlreiche Interviews mit der Presse, durch Sonderberichte und Kundgebungen haben wir klargemacht, dass wir es uns nicht länger leisten können, nur das zu tun, was politisch möglich ist – wir müssen das tun, was notwendig ist. Wir haben bei Anhörungen von Ausschüssen unsere Stimme erhoben, um die Gesetzgeber daran zu erinnern, dass es nicht um eine Zukunft der Republikaner oder um eine Zukunft der Demokraten geht, sondern schlicht um unser aller Zukunft.

Bei unseren vielen Anstrengungen auf lokaler, landesweiter und nationaler Ebene haben wir gezeigt, dass wir jungen Menschen wirklich etwas zu sagen haben. Wir haben klargemacht, dass wir nicht einfach nur Leute sind, die Schilder hochhalten. Wir stellen politische Inkompetenz infrage, organisieren mit Fingerspitzengefühl und helfen, Lösungen voranzubringen. Die Jugend verfügt über Macht.

Eine gerechte und nachhaltige Zukunft erfordert eine gerechte und nachhaltige Organisationsweise.

WAS WÜRDET IHR DER POLITISCHEN

Gewählte Amtsträger lassen sich derart von den Gewinnen von heute blenden, dass sie die Gefahren von morgen nicht erkennen. Echte Anführer aber müssen das Leben ihrer Bürger an oberste Stelle setzen! Wir brauchen Gesetze, die sofortige Maßnahmen gegen den Klimawandel auf den Weg bringen – sonst wählen wir euch ab!

Anya Sastry, 18 Jahre, USA

FÜHRUNG EURES LANDES GERN SAGEN?

So schwierig es auch sein mag, ich möchte Sie dringend bitten, an künftige Generationen zu denken, wenn Sie Politik machen. Gestalten Sie unser System so, dass Sie selbst glücklich wären, wenn Sie in hundert Jahren zur Welt kommen würden.

Brandon Nguyen, 20 Jahre, Kanada

Verliert euch nicht im Klein-Klein! Handelt wie Anführer und nicht wie Politiker. Wer andere führt, entscheidet sich mutig für das Richtige und nicht für das, was schnell geht oder einfach ist.

Emma-Jane Burian, 18 Jahre, Kanada

SHANNON LISA

22 Jahre
USA

Ich bin in New Jersey geboren und aufgewachsen, einem Bundesstaat mit einigen nicht wirklich großartigen Besonderheiten: Wir haben die dichteste Bevölkerung, einige der höchsten Krebsraten der gesamten USA und die giftigsten Mülldeponien auf der *National Priorities List* (eine Liste von Sondermülldeponien, bei denen es nötig ist, Altlasten zu beseitigen und den Boden zu sanieren). Als ich ungefähr sechs Jahre alt war, sagte man mir, ich solle nicht in der Nähe der Telefonmasten bei meiner Schule spielen, um nicht mit dem schwarzen, klebrigen Zeug (Teeröl), mit dem die Masten imprägniert sind, in Berührung zu kommen. Irgendwann später erhaschte ich auf einem leeren Grundstück einen flüchtigen Blick auf ein Chemiefass mit einem Volumen von über 200 Litern und auf Männer in »Raumanzügen«. An viel zu vielen Seen und Flüssen entlang waren Warnschilder für Fischer aufgestellt: *Nicht zum Verzehr geeignet.*

Die Giftmüll-Krise in den Vereinigten Staaten wird in der Klimadiskussion viel zu häufig ignoriert, aber die beiden

Themen hängen auf unheilvolle Weise miteinander zusammen. Durch den Klimawandel nehmen Überflutungen, Flächenbrände und extreme Wetterereignisse immer weiter zu, und sie sorgen dafür, dass Chemiemüll freigesetzt wird, der andernfalls relativ abgeschlossen geblieben und nicht in die Umwelt gelangt wäre. Das *Government Accountability Office*, also der US-amerikanische Rechnungshof, warnt, dass 60 Prozent der am schlimmsten kontaminierten Deponien im ganzen Land, »superfund sites« genannt, in Gebieten liegen, die in Zukunft am heftigsten von Klimakatastrophen betroffen sein könnten.

Der Hurrikan Irene von 2011 und der Wirbelsturm Sandy von 2012 trafen meinen Bundesstaat New Jersey heftig und verursachten großflächige Überschwemmungen, Stromausfall und Gebäudeschäden. In einer Stadt in der Nähe meines Wohnortes wurde eine frühere Produktionsstätte der American Cyanamid, in der Chemikalien und Arzneimittel hergestellt wurden, überflutet, und die heftigen Regenfälle führten dazu, dass die Auffangbecken für chemische Rückstände überliefen. Anderswo ging die Kontrolle über verschiedene Anlagen verloren, die für die Aufbereitung von kontaminiertem Grundwasser vorgesehen waren und verhindern sollten, dass es austrat.

Anders als schmelzende Eiskappen oder Strände, die mit Plastikflaschen vermüllt sind, stellt Giftmüll häufig eine heimtückische Bedrohung dar, weil man ihn nicht sehen kann. Viele gefährliche Chemikalien sind farblos und geruchlos und vergiften oft ganze Familien, die in der Nähe von Grundstücken mit Altlasten leben. Die Firmen, die die Umweltsünden verursacht haben, haben es geschafft, jahrzehntelang mit Selbstregulierung und Selbstauskünften davonzukommen, weil der angerichtete Schaden häufig von den Bundesbehörden unbemerkt bleibt, bis die betroffenen Gemeinden aufschreien oder die Todeszahlen steigen.

Mein Ziel ist es, dass niemand leiden soll, nur weil er im »falschen Postleitzahlenbereich« geboren ist, wo die Industrie ihren Giftmüll hinterlassen hat. Ich habe es mir zur Aufgabe gemacht, Menschen zu unterstützen, die in der Nähe von Orten leben, an denen giftige chemikalische Rückstände mit verheerenden Auswirkungen auf die Gesundheit austreten. Diese Menschen will ich mit den nötigen Hilfsmitteln versorgen, damit sie die Regierung zwingen können, dass die ihre vergifteten Hinterhöfe in Ordnung bringt.

Ich musste eine Mischung aus den unterschiedlichsten Eigenschaften lernen: Ich brauche die akribische Denkweise eines Wissenschaftlers, die Hartnäckigkeit eines Privatdetektivs, der den Fakten hinterherjagt, und die radikale Subjektivität eines Aktivisten vor Ort – und mit alldem habe ich bei null angefangen. Doch das war nicht alles. Ich stieg in Schutzanzüge und nahm Begehungen von Deponien vor. Ich entnahm wissenschaftliche Proben und reichte auf Staats- und Bundesebene bei den Behörden Petitionen ein, damit sich diese Behörden mit kontaminierten Stätten beschäftigen. Ich veranstaltete Demonstrationen und habe Regierungsbehörden bei ihren Sanierungsplänen beraten. Als »Giftmüll-Detektivin« habe ich in meinen späten Zehner- und frühen Zwanzigerjahren angefangen, auf die chemischen Gefahren hinzuweisen, die Mensch und Umwelt bedrohen.

Jahrelang haben Mütter und Väter in Franklin, Indiana, ihre Kinder an seltenen, aggressiven Krebsarten leiden und schließlich daran sterben sehen. Zur gleichen Zeit, als die Familien gegen das schreckliche Leid der Krankheit ankämpften, kämpften sie auch gegen ihre Regierung, um Antworten zu erhalten. Ich setzte mich mit diesen Menschen in Verbindung und arbeitete mit ihnen zusammen. Wir verfassten umfangreiche Eingaben an die *Environmental Protection Agency*, die US-Umweltschutzbehörde, um Zugang zu Dokumenten der Regierung zu bekommen, in denen jedes einzelne bekannte kontaminierte Grundstück in dieser Gegend erfasst war.

Nach monatelangem Studium von mehr als vierzigtausend Seiten Dokumenten, die zuvor nicht zugänglich gewesen waren, stieß ich auf eine regelrechte Bombe. Ein nahe gelegenes Industriegebiet der Firma Amphenol, von dem die Behörde versichert hatte, es wäre saniert worden, scheint schlecht abgewickelt und nur unzureichend untersucht worden zu sein. Eine Mischung von giftigen Dämpfen, darunter das bekannte krebserregende TCE (Trichlorethen), ist möglicherweise seit Jahren in die Häuser der Menschen eingedrungen, an den Ort, den die meisten Leute als sicher betrachten – in ihr eigenes Heim. Die unabhängigen Studien, die wir zusammentrugen, und der Druck der Öffentlichkeit führten dazu, dass die EPA eine erneute Untersuchung dieses Grundstücks vornahm.

* * *

Für mich liegt die Crux beim Umweltaktivismus darin, dass man selbst Risiken eingehen muss, um die Gesundheit der Menschen und den Schutz der Umwelt zu gewährleisten. Einer der herausforderndsten Aspekte dieser Arbeit besteht darin, gegen Regierungsbehörden vorzugehen, die sich verschanzen, und gegen multinationale Umweltsünder-Konzerne, die einem, was Geldmittel, politische Kontakte und wissenschaftliche und juristische Expertise angeht, hoffnungslos überlegen sind. Das verstärkt sich noch, wenn man jung ist und damit leichte Beute für Verleumder, die versuchen, einen wegen des vermeintlichen Mangels an Fachkenntnis zum Schweigen zu bringen.

Das kann natürlich entmutigend sein. Doch dann mache ich mir bewusst, dass ich beim Heimkommen keine Furcht haben muss, dass giftige Dämpfe in mein Zuhause gelangen. Die Menschen vor Ort, die in ihren Gemeinden gegen Umweltverschmutzung kämpfen, besonders an den Rand gedrängte Gruppen und indigene Menschen, sind die echten Helden, die tagein, tagaus für das Überleben von uns allen kämpfen. Ich hoffe bloß, ich werde in diesem Narrativ auch eine Rolle spielen können und es schaffen, andere dazu anzuregen, aktiv zu werden und ihre Stimme zu erheben, damit keine Familie in ihrem eigenen Heim und in ihrem eigenen Land mehr Angst vor der Bedrohung durch giftige Industrieabfälle haben muss.

KHADIJA USHER

26 Jahre
BELIZE

Ich komme aus Belize, einem sehr kleinen Land, dessen Wirtschaft nur langsam wächst. Belize hat nur etwa 380 000 Einwohner und hatte nie die Mittel, technologisch mit dem Rest der Welt Schritt zu halten. Das hat uns auf manche Weise beeinträchtigt. Seien es die Bereiche Transport, Medizin, Energie, Landwirtschaft oder Tourismus, unsere Branchen arbeiten mit veralteten Mitteln, in erster Linie, weil wir uns keine besseren leisten können.

Und dennoch haben wir die Möglichkeit, etwas zu bewirken. In meinem Heimatland liegt das zweitgrößte Barriereriff der Welt, und uns liegt sehr viel daran, unser maritimes Ökosystem zu bewahren. Das wurde für die internationale Gemeinschaft klar ersichtlich, als die UNESCO im Juni 2018 verkündete, dass das Ökosystem des Barriereriffs von Belize erfolgreich von der Roten Liste des gefährdeten Welterbes gestrichen werden konnte. Diesen Erfolg verdanken wir der Arbeit von mehr als einem Jahrzehnt, in dem wir dieses maritime Ökosystem geschützt haben, das uns so sehr am Herzen liegt.

Ich glaube fest daran, dass Proteste nur eine von vielen nachrangigen Pflichten im Umgang mit der Klimakrise sind. Es geht vielmehr darum, Brücken zu bauen – zwischen einer Generation, die sich ganz der wirtschaftlichen Entwicklung verschrieben hat, und einer Generation, die für die Bewahrung der Umwelt eintritt. Wenn wir diese beiden Einstellungen nicht zusammenbringen, werden wir keinen Erfolg haben. Und es ist die Aufgabe der jungen Menschen, den Grundstein für diese Brücke zu legen.

Die jungen Menschen müssen in der Lage sein, den Ökonomen zu zeigen, dass eine nachhaltige Bewegung der nationalen Produktivität nicht schaden wird; eher noch wird sie sie steigern, wenn man es richtig anstellt. Außerdem müssen die jungen Menschen der älteren Generation die Bedenken der Naturschützer nahebringen und ein harmonisches Verhältnis zwischen den Generationen schaffen – in dieser merkwürdigen Zeit, in der wir alle miteinander leben.

BRANDON NGUYEN

20 Jahre
KANADA

Ich setze mich für einen freien Zugang zu Wissen über den Klimawandel ein. Es ist sehr wichtig, dass jedem genügend Informationen zur Verfügung stehen, um wirklich zu begreifen, welche Folgen sein eigenes Tun auf die Welt um ihn herum hat. Eine Umfrage vom März 2019 hat gezeigt, dass sich die überwältigende Mehrheit von Eltern in den USA, unabhängig von ihrer politischen Einstellung, wünscht, dass ihre Kinder in der Schule etwas über den Klimawandel lernen. Aber nicht einmal die Hälfte der Eltern spricht mit ihren Kindern darüber, und nicht einmal die Hälfte der Lehrer behandelt im Unterricht tatsächlich den Klimawandel.

Dieses Missverhältnis beruht zum großen Teil darauf, dass viele Lehrer glauben, der Klimawandel liege außerhalb ihres Fachbereichs. Oder sie haben das Gefühl, sie wüssten nicht genug über den Klimawandel, um ihn im Unterricht behandeln zu können. Durch meine Arbeit mit verschiedenen NGOs und Interessenvertretern hoffe ich, dass wir besser verständliche Materialien zur Klimaerziehung entwickeln können, die die unterschiedlichen Fachgebiete zusammenbringen. Der Klimawandel sollte nicht als isolierte Thematik betrachtet, sondern vielmehr ganzheitlich und disziplinenübergreifend behandelt werden. Auf diese Weise kann man sich auch mit vielen anderen Aspekten der Welt beschäftigen und sie begreifen.

* * *

Ich bin sehr privilegiert, dass ich an einem Ort leben darf, wo ich die unmittelbaren Folgen des Klimawandels noch nicht jeden Tag zu spüren bekomme. Für viele Menschen auf der Welt ist das ganz anders.

Der Klimawandel ruft in mir eine Art existenzieller Angst hervor. Ich verspüre einen überwältigenden Drang, den Kurs der Gesellschaft zu verändern. So viele wissenschaftliche Berichte erklären uns, dass wir uns mit gewaltigem Tempo dem Punkt nähern, an dem es kein Zurück mehr gibt. Und ich kann nicht anders als ein überwältigendes Verlangen empfinden, meine Kräfte und meine Privilegien zu nutzen, um für einen systemischen Wandel zugunsten derer einzutreten, die nicht für sich selbst eintreten können.

Nachlässigkeit kann für einen ambitionierten Weltverbesserer ziemlich gefährlich sein. Als junger Mensch scheint es für mich immer ungefähr eine Million anderer Dinge zu geben, die ich neben meinem Einsatz für die Umwelt tun könnte oder sollte. Vor allem weil Aktivismus der Definition nach Wandel verlangt und den Status quo herausfordert, was manchmal ermüdend sein kann.

Es ist eine Kunst für sich, das richtige Gleichgewicht zu finden: mich um mich selbst zu kümmern, die typischen Pflichten eines jungen Menschen nicht zu vernachlässigen (gut in der Schule abschneiden, einen Beruf finden, der mich erfüllt, Zeit mit Freunden verbringen) und gleichzeitig kritisch über die Welt nachzudenken und darüber, wie ich es schaffen könnte, sie zum Besseren zu verändern. Und obwohl ich diese Kunst nicht mal ansatzweise beherrsche, bin ich schon dadurch um einiges besser geworden, dass ich immer wieder gescheitert bin und daraus gelernt habe.

Meine Eltern haben mein Engagement und meine organisatorischen Tätigkeiten immer stark unterstützt, und dafür bin ich sehr glücklich und dankbar. Ab und zu legen sie mir nahe, ich solle doch versuchen, einen Platz in der Welt zu finden, wo Leidenschaft und Machbarkeit im Gleichgewicht sind. Meistens machen sie sich einfach nur Sorgen, ich könnte Burn-out kriegen bei dem Versuch, Wandel in einem System herbeizuführen, das den Wandel nicht begünstigt.

VIVIANNE ROC

22 Jahre
HAITI

Ich lebe in einem Ghetto. Wenn es regnet, sind die Straßen häufig überflutet, und das Wasser dringt in die Häuser ein. Haiti ist ein kleines Land und eines der ärmsten der Welt. Unser Volk lebt in entsetzlichem Elend, und nun kommt ein weiteres Problem dazu: die Klimakrise, die alles auf den Kopf stellt.

Es ist heutzutage in Haiti viel wärmer als früher. Es gibt viel mehr Stechmücken, die Krankheiten übertragen. Auch Krankheiten, die durch das Wasser übertragen werden, haben zugenommen. Das bedeutet, es ist viel wahrscheinlicher, dass ich Denguefieber oder Malaria bekomme. Unsere Jahreszeiten laufen aus dem Ruder, es kommt zu einem Mangel an Nahrungsmitteln, der die Preise hochtreibt und häufiger als früher zu Hungersnot führt. Naturkatastrophen haben unsere Wirtschaft beeinträchtigt und vielen geliebten Menschen das Leben gekostet.

Unser Land leidet an den Folgen des Klimawandels, und wir haben genug davon! Ich setze mich für echten und dauerhaften Wandel ein, denn als junge Frau in einem armen

Land trifft mich der Klimawandel unmittelbar. Ich will, dass meine Stimme und die von anderen jungen Menschen wie mir gehört wird.

Vor sechs Jahren hatte ich noch keine Ahnung vom Klimawandel. Ich lebte als Teenager ruhig vor mich hin und machte mir keine Gedanken übers Klima, genau wie viele andere junge Leute heute noch. Eine Organisation, die sich bei uns engagiert, ist das »Caribbean Youth Environment Network« (CYEN). Sie hat mir enorm dabei geholfen, zu dem Menschen zu werden, der ich heute bin. CYEN hat mir geholfen zu begreifen, in welcher Gefahr sich unsere Erde befindet.

Heute bin ich im Vorstand von »Plurielles«, einer Organisation, die gegen die verheerenden Auswirkungen des Klimawandels kämpft und das Engagement junger Leute, besonders von Frauen, fördert. Sie müssen sich des Problems bewusst werden, um dann, genau wie ich, ihren Platz in diesem Kampf einzunehmen. Bildung ist der Schlüssel zum Erfolg. Wenn ich mich Hindernissen gegenübersehe oder das Gefühl habe, ich könnte zusammenbrechen, denke ich an die kommenden Generationen, und das gibt mir die Kraft, die ich brauche, um weiterzumachen.

Schaut nicht zu, handelt lieber.

Die führenden Wirtschaftsmächte müssen aufhören, so zu tun, als ob sie alles in ihrer Macht Stehende versuchen würden, denn es ist stimmt einfach nicht. Wir versuchen zu überleben, doch wenn sich in ein paar Jahren nichts ändert und die Klimaziele nicht erreicht werden, ist es sehr wahrscheinlich, dass Haiti im Wasser versinkt oder von Katastrophen zerstört wird. Meine Zukunft ist in Gefahr.

OCTAVIA SHAY MUÑOZ-BARTON

16 Jahre
USA

Ich hatte das große Glück, von Natur umgeben aufzuwachsen. Ich bin an der kalifornischen Küste geboren und habe mich schon als Kind in den Pazifischen Ozean und in unsere hiesigen Ökosysteme verliebt. Damals war ich mir zwar irgendwie bewusst, dass die Menschen für die Umweltverschmutzung, die ich sah, verantwortlich waren, aber ich hatte keine Ahnung, in welchem Ausmaß die Menschen unsere Umwelt zugrunde richten und die Stabilität der Biosphäre bedrohen.

Als ich ungefähr zwölf war, stellten ein paar Jugendliche von einer Organisation namens »Heirs To Our Oceans« ihre Arbeit in meiner Klasse vor. Sie boten uns an, uns auf eine Kajaktour in den Elkhorn Slough mitzunehmen, ein nahe gelegenes sumpfiges Mündungsgebiet in der Monterey Bay mit einer großen Population an Seeottern. Während wir draußen auf dem Wasser waren, haben sie uns von den Seeottern berichtet und von den Bedrohungen, denen sie ausgesetzt sind.

Dann, 2019, nahm ich am »Summit for Empowerment, Action and Leadership« (SEAL) teil, einem zweiwöchigen Jugendtreffen, das »Heirs To Our Oceans« organisiert. Hier kommen junge Menschen aus der ganzen Welt zusammen und lernen gemeinsam mehr über ihre Umwelt. Während dieser Veranstaltung begann ich zu begreifen, was es bedeutet, durch sein Handeln etwas zu bewirken, und das hat mich für immer verändert.

Gegen Ende des Treffens kam die Jugend dieser Welt, von Mikronesien über Afrika und Neuseeland bis Kentucky, vereint durch ihr Engagement für unsere Umwelt, zu einer Abschlusskundgebung zusammen. Zwei Wochen lang hatten wir Workshops über freie Rede besucht, die Beziehungen zueinander und zu unserer Umwelt vertieft und an Fertigkeiten gefeilt, die man braucht, wenn man ein charismatischer Anführer werden will. Und nun sah ich, wie sich Menschen, die für mich inzwischen zu Freunde geworden waren, vor der Gemeinschaft erhoben und mit einer solchen Kraft sprachen, wie ich es selten erlebt hatte.

Ich sah zu, wie meine Freundin aufstand und ein Gedicht aufsagte, aus ihrem tiefsten Inneren heraus. Ich hätte nie geglaubt, dass sie zu so etwas in der Lage sein und sich das vor den anderen trauen würde. Stärke, Liebe, Kraft und Vertrauen waren die entscheidenden Energien auf der Bühne. Als ich aufstand, um etwas zu sagen, war ich den Tränen nahe. Ich fühlte mich mutiger und sicherer als je zuvor. Ich wusste, dass ich jetzt eine Familie von jungen Menschen hatte, die die Welt verändern würden, die zu wahren Führungspersönlichkeiten heranwachsen würden.

* * *

Ich habe durch mein Engagement für die Umwelt überwältigende Erfahrungen gemacht, aber es gibt auch Tage, an denen mir alles hoffnungslos vorkommt. Die Leute interessieren sich nicht für meine Anliegen. Die Mächtigen der Welt lenken unsere Aufmerksamkeit auf unwichtige Themen, während sie uns die saubere Luft und das saubere Wasser nehmen. Das frustriert mich sehr, und es kann niederschmetternd sein, angesichts der Herausforderungen, vor denen wir stehen. Manchmal habe ich das Gefühl, als hätte mir jemand meine Kindheit gestohlen.

Ich habe gemerkt, wie ich die Motivation verliere, zu lernen und mich auf die Zukunft vorzubereiten. Wenn ich daran denke, wie das Leben für meine Kinder auf einem Planeten sein könnte, auf dem der Klimawandel verheerende Schäden angerichtet hat, fällt es mir schwer, mich auf irgendwelche Hausaufgaben zu konzentrieren, wenn ich doch weiß, dass ich dort draußen sein und kämpfen könnte.

Meine Eltern unterstützen mich unglaublich, und damit habe ich wirklich außerordentliches Glück. Ich kenne einige junge Leute, deren Eltern ihrem Engagement mit gemischten Gefühlen gegenüberstehen oder ihnen sogar davon abraten. Unterstützung durch die Eltern zu haben, ist so wichtig für Kinder, die Interesse daran haben, sich für den Umweltschutz einzusetzen.

Von meinen Eltern habe ich gelernt, eine gute Ausbildung wertzuschätzen, und sie sind verständlicherweise beunruhigt bei dem Gedanken daran, dass ich mein akademisches

Potenzial nicht ausschöpfe. Ich bin dabei, ein System für die Schule zu entwickeln, bei dem die außerschulischen Aktivitäten junger Aktivisten und ihre Arbeit mit in die Noten einfließen können (denn Forschungsarbeiten, Ansprachen und praktische Erfahrungen als Bürger im Kontext von Problemen der echten Welt sind in höchstem Maße lehrreich und sollten auch entsprechend anerkannt werden), und muss hart kämpfen, um meinen Notendurchschnitt zu halten.

Für Jugendliche wie mich kann die Klimakrise furchterregend sein. Das Wichtige ist, sich nicht von dieser Angst lähmen zu lassen, sondern sie stattdessen als Antrieb zu nutzen!

Umgebt euch mit Menschen, die euch stärken – und stark sein lassen!

PAYTON MITCHELL

21 Jahre

KANADA

Ich bin in Sichtweite des Kraftwerks von Nanticoke aufgewachsen, des größten Kohlekraftwerks von ganz Nordamerika. Wegen des Kraftwerks hatte ich meine ganze Kindheit hindurch chronisches Asthma, das erst abklang, als das Kraftwerk 2013 stillgelegt wurde.

Kanada befeuert aktiv den Klimawandel durch den Ausbau von Projekten auf der Basis fossiler Brennstoffe. Da gibt es zum Beispiel die Frontier-Teersand-Mine, die Trans-Mountain-Pipeline, die Énergie-Saguenay-Pipeline und die Gas-Lagerstätte in Alton. Jedes dieser Projekte ist ein direkter Angriff auf die indigene Bevölkerung und ihr Land.

Zu den spürbaren Auswirkungen gehört die fortwährende Wasserkrise bei den indigenen Volksgruppen der First Nations. Projekte zur Förderung fossiler Brennstoffe haben das Wasser in vielen ihrer Gemeinden mit hohen Schadstoffen belastet, und ohne Wasser droht der Verlust ihrer Kultur und traditionellen Lebensweise. Das Abschmelzen von Schnee und Eis in der Arktis macht das Leben für die Menschen im

Norden immer gefährlicher und führt bei den Inuit, die ihre gesamte Lebensweise auf Eis und Schnee ausgerichtet haben, so zum Verlust ihrer Kultur.

Dass Kanada so stark auf Öl und Gas setzt, hat auch zum Anstieg des »Benzin-Patriotismus« beigetragen, einer rechtsgerichteten Strömung, die Kanadas Öl- und Gasindustrie als Teil unserer nationalen Identität betrachtet und Ausländer des Versuchs bezichtigt, diesen Sektor zu vernichten. Lager für die Arbeiter, entlang den Pipeline-Projekten errichtet, tragen zum Missbrauch von indigenen Frauen bei, die auf diesem Land leben.

* * *

Ich habe die Auswirkungen des Klimawandels am eigenen Leib erfahren – in Form vermehrter Überschwemmungen und kürzerer Winter sowie durch Tornados an Orten, an denen nie zuvor welche stattgefunden hatten. Aber ich habe nach wie vor das Glück, dass ich von der Klimakrise nicht allzu sehr direkt betroffen bin – noch nicht.

Doch die Klimaangst beeinflusst fast jede Entscheidung, die ich treffe. Ich bekomme Angst und breche plötzlich in Tränen aus, wenn ich an den Zustand des Planeten Erde denke. Ich streite mich mit Freunden und Familie, die mir sagen, ich solle mich weniger darum kümmern oder mich aufs Lernen konzentrieren. Es ist deprimierend und verstörend, und ich weiß, dass ich es im Vergleich zu den meisten anderen ziemlich leicht habe, und das macht mich noch trauriger.

Zum Glück kann ich diese Gefühle in Handlung umsetzen. Ich glaube wirklich, dass die Jugend-Klimabewegung der erste Schritt zu einer weltumspannenden Familie ist, die nicht von Konkurrenzdenken angetrieben wird, sondern stattdessen von Mitgefühl für andere, für die Erde und für uns selbst.

Niemand bezahlt uns für das, was wir tun. Zwar gibt es viele NGOs, die von der Klimabewegung profitieren und unsere Arbeit dazu benutzen, um Spendengelder einzuwerben, aber wir Streikenden sind es, die darauf verzichten, rechtzeitig unseren Abschluss zu machen, einen Nebenjob anzunehmen oder ein normales Leben zu führen, um all das hier möglich zu machen.

Meine Eltern sind sowohl stolz als auch besorgt. Sie sind stolz auf mich, weil ich Hindernisse überwinde und für das kämpfe, woran ich glaube, aber sie sind auch besorgt, dass ich meine Zukunft nicht ernst nehme. Sie machen sich Gedanken, welche Auswirkungen die Streiks auf meinen Abschluss haben, und darüber, wie viel Zeit ich dafür aufwende, für die Klimabewegung zu arbeiten anstatt in Bereichen, in denen ich Geld verdienen kann.

Ich musste Zeit opfern, die ich eigentlich mit Freunden und Familie verbracht hätte, Lernzeit (und es kostet mich einiges, die Uni zu besuchen) und Zeit, in der ich es einfach nur genieße, jung zu sein. Ich bin stolz auf diese Bewegung, aber es lässt sich nicht bestreiten, dass sie uns die besten Jahre unseres Lebens gestohlen hat und das auch weiterhin tun wird. Es ist die Sache wert, aber es ist nicht in Ordnung, dass wir dieses Opfer bringen müssten.

Obwohl ich später gern Kinder möchte, habe ich beschlossen, dass ich das nicht kann, bis diese Krise abgewendet ist. Ich fühle mich zu unsicher dabei, eine Familie in einer Welt zu gründen, die den Selbstzerstörungsmechanismus aktiviert hat. Nachdem ich den Bericht des Weltklimarats von 2018 gelesen hatte, ist mir bewusst geworden, dass ich keine Familie gründen kann, wenn die Welt weiterhin diesen Weg der Profitmaximierung und der minimalen Verantwortlichkeit beschreitet.

Wenn ich eine Sache ändern könnte, würde ich dafür sorgen, dass Kanada alle bestehenden und geplanten Projekte für den Abbau und Transport fossiler Brennstoffe stoppt und sich zu einer sozialen Absicherung der Arbeiter verpflichtet, während wir auf erneuerbare Energien umstellen.

Wenn du glaubst, du kannst etwas nicht, sollst du wissen, dass du es kannst.

ASHLEY TORRES

23 Jahre
KANADA

Die Studentin Ashley Torres hielt die folgende Rede am 13. Juli 2019 in Montreal bei einer Sitzblockade von »Extinction Rebellion«, bei der später fünfundzwanzig Aktivisten festgenommen wurden.

Dr. Martin Luther King hat einmal gesagt, dass unser Leben an dem Tag endet, an dem wir über Dinge schweigen, die wichtig sind. Wir leben in einem Zeitalter, in dem unsere Werte herausgefordert werden.

In einer Zeit, in der ungerechte Gesetze unseren muslimischen Schwestern sagen, dass sie ihre Stelle verlieren, wenn sie ihren Hijab tragen.

In einer Zeit, in der unser Nachbarland USA Kinder von ihren asylsuchenden Eltern trennt, weil die Führung nicht begreift, wie verzweifelt diese Eltern gewesen sein müssen, um ihren Kindern einen derart schrecklichen Weg zuzumuten.

In einer Zeit, in der indigene Frauen verschwinden und keinen der Regierenden das wirklich zu interessieren scheint.

In einer Zeit, in der mächtige Männer mit sexueller Belästigung davonkommen, weil sie durch ihr Geld und ihren Einfluss geschützt sind.

In einer Zeit, in der unsere verantwortungslose Provinzregierung und amerikanische Unternehmen wie Freestone und Breyer Capital eine Pipeline für Flüssigerdgas bauen wollen, während wir mitten in der Klimakrise stecken.

In einer Zeit, in der unsere Regierung den Klimanotstand erklärt und am nächsten Tag die Erweiterung der Trans-Mountain-Pipeline genehmigt, die es erleichtern wird, das schmutzigste Öl des Planeten zu gewinnen.

In einer Zeit, in der unser Umweltminister mit unserem sauberen Wasser prahlt, während nur ein paar Kilometer entfernt unsere Brüder und Schwestern der Attawapiskat keinen gesicherten Zugang zu sauberem Wasser haben.

In einer Zeit, in der unsere nationale Sicherheit nicht von irgendwelchen fernen ausländischen Mächten bedroht wird, sondern von einer Klimakrise, vor der unsere Regierung ihre Bürger nicht schützen will.

In einer Zeit, in der junge Menschen keine andere Wahl haben, als jeden Freitag die Schule zu versäumen, weil sie spüren, dass sich sonst niemand um ihre Zukunft kümmert.

Warum spreche ich über Themen, die nicht direkt mit der Umwelt zusammenhängen? Nun – das alles hängt miteinander zusammen. Wenn wir über Klimagerechtigkeit sprechen und darüber, dass wir niemanden zurücklassen, müssen wir auch über Probleme sprechen, die mit Rasse, Geschlecht und Klassenzugehörigkeit zu tun haben.

Früher oder später werden wir alle mit den Folgen des Klimawandels konfrontiert sein, aber die meisten derer am Rande der Gesellschaft sind es bereits jetzt. Wenn wir also tatsächlich Klimagerechtigkeit erreichen wollen, müssen wir stets an diese Menschen denken, während wir über Lösungen diskutieren. Während einige von uns heute hier sind, um für ihre Zukunft zu kämpfen, müssen wir auch daran denken, dass wir für die Gegenwart dieser Menschen kämpfen.

Wir leben in einer Zeit, in der wir uns entscheiden müssen, welche Veränderungen wir erleben möchten. Wir müssen uns entscheiden, was wir willens sind zu tun, um diese Veränderungen auch wirklich wahr werden zu lassen. Eines weiß ich mit Sicherheit: Eine Gesellschaft hat sich noch nie aus sich selbst heraus verändert. Sie ist durch einzelne Menschen wie du und ich verändert worden, die auf friedliche Weise bereit sind, alles für eine wichtige Sache aufs Spiel zu setzen. Obwohl dieser Kampf manchmal zu hart erscheint, müssen wir daran denken, dass unser Leben an dem Tag endet, an dem wir über Dinge schweigen, die wichtig sind.

SÜDAMERIKA

KONTINENT: SÜDAMERIKA

BEVÖLKERUNG: 420 MILLIONEN

DIE GRÖßTEN KLIMATISCHEN HERAUSFORDERUNGEN:

- **Abholzung** – Der Regenwald im Amazonasgebiet besteht aus Milliarden von Bäumen und erstreckt sich über neun Länder Südamerikas. Er ist der größte Regenwald der Welt und absorbiert ein Viertel des gesamten CO_2, das jedes Jahr von den Wäldern der Welt aufgenommen wird. Doch die fortgesetzte Abholzung bedroht die Fähigkeit des Waldes, weiterhin als Kohlenstoffsenke zu dienen.

- **Eisschmelze** – Mehr als 99 Prozent aller tropischen Gletscher der Welt befinden sich in Südamerika, mehr als 70 Prozent davon in Peru. Für viele Länder der Region sind sie eine äußerst wichtige Wasserquelle. Doch die steigenden Temperaturen haben zum rapiden Rückgang der Gletscher geführt – 98 Prozent der Andengletscher sind in diesem Jahrhundert geschrumpft.

- **Extreme Temperaturen** – Wenn sich die Durchschnittstemperatur der Welt um 4 Grad Celsius erhöht, werden 90 Prozent von Südamerika extreme Hitzeperioden erleben, die normalerweise nur alle 700 Jahre auftreten.

EYAL WEINTRAUB

20 Jahre
ARGENTINIEN

Ich begann im Februar 2019, für das Klima einzutreten. Ich war in den sozialen Medien unterwegs, als ich sah, dass Leute Videos über Greta Thunberg teilten. Zu diesem Zeitpunkt wusste ich nicht noch nicht, wer sie war, aber ich sah, dass sie für den 15. März zu einem internationalen Klimastreik aufrief.

Ich begann nachzuforschen und fand heraus, dass es in Argentinien niemanden gab, der diesen Protest organisierte. Also trommelte ich eine Gruppe von Leuten zusammen, und wir gründeten »Jóvenes Por El Clima Argentina« (JOCA), also »Jugend für das Klima Argentinien«.

Unser erstes Ziel war die Teilnahme Argentiniens am internationalen Klimastreik. Wir hatten keine besonders hohen Erwartungen, denn wir hatten nicht mal mehr einen Monat Zeit zum Vorbereiten und weder Erfahrung noch Geld.

Am 15. März stand ich um sechs Uhr auf, um sicherzugehen, dass alles bereit war. Wir rechneten mit ein paar Hundert Leuten und hatten ein bisschen Tontechnik und ein Mikro vorbereitet, um sicherzustellen, dass ein paar Leute

Ansprachen halten konnten. Gegen halb sechs am Nachmittag hatten sich mehr als fünftausend Menschen zu uns gesellt und demonstrierten vor dem Palast des argentinischen Nationalkongresses für Klimagerechtigkeit.

Dieser Augenblick überzeugte mich von der Macht von Graswurzel-Bewegungen und davon, dass Wandel nicht immer von oben ausgeht. Er geschieht, wenn Millionen Menschen auf den Straßen zusammenkommen und ihn einfordern.

Seitdem ist JOCA zur größten Jugend-Klimabewegung Argentiniens geworden. Wir organisieren nicht nur Streiks, sondern machen Druck auf die Regierung, Gesetze gegen die Klimakrise zu verabschieden. Im Juli 2019 hat Argentinien als viertes Land der Welt und als erstes in Lateinamerika den Klimanotstand ausgerufen.

Das alles haben wir nicht allein erreicht. Einer der wesentlichen Gründe für unseren Erfolg liegt darin, dass wir begreifen, dass das soziale Eintreten intersektional angegangen werden muss: Man kann nicht für Klimagerechtigkeit kämpfen, ohne auch gegen andere Ungerechtigkeiten zu kämpfen – gegen solche, die mit Rasse, Geschlecht oder wirtschaftlichem Status zusammenhängen. Das hat uns ermöglicht, mit vielen anderen Organisationen zusammenzuarbeiten, sodass unsere Stimmen sich gegenseitig verstärken.

* * *

Mein Protest richtet sich gegen ein System, das den Interessen und der Gier einiger weniger einen höheren Stellenwert einräumt als den Bedürfnissen der vielen. Gegen ein System, in dem sechsundzwanzig Menschen mehr Vermögen besitzen als die ärmsten 3,8 Milliarden Menschen der Welt zusammen. Ich glaube nicht, dass wir in einem kapitalistischen System Lösungen finden, um diese Gräben nicht noch weiter zu vertiefen.

Momentan beeinträchtigt der Klimawandel mich und meinen Lebensstandard nicht nennenswert. Aber dafür gibt es einen bestimmten Grund: Ich bin ein weißer Mann aus der Mittelschicht – und damit bin ich extrem privilegiert. Der Klimawandel betrifft die sozial Gefährdeten in viel größerem Maß. Er trifft diejenigen am stärksten, die am wenigsten zur globalen Erwärmung beigetragen haben. Bei Klimagerechtigkeit geht es nicht nur darum, die Menge an CO_2 herabzusetzen, die ausgestoßen wird, damit wir zukünftig Schaden verhindern können, es geht auch darum, mit Lösungsansätzen für diejenigen aufzuwarten, die jetzt schon vom Klimawandel betroffen sind.

Sich Sorgen zu machen ist nur von Nutzen, wenn wir dieses Gefühl als Katalysator für den Wandel benutzen. Aus meiner Sicht ist es das Wichtigste, dass wir eines begreifen: Individuelle Maßnahmen werden uns nicht retten. Recycling ist eine großartige Sache. Sich vegan zu ernähren ist toll, genauso wie mehr Rad zu fahren und die Menge an Treibstoff zu reduzieren, die wir verbrauchen. Aber es gibt nur einen Weg, wie wir in der Lage sein werden, die Veränderung für alle zu erreichen, die nötig ist, um die schlimmsten Folgen der Klimakrise abzuwenden und den bereits angerichteten Schaden rückgängig zu machen: Jeder Einzelne, der sich Sorgen macht, muss sich zum Mitmachen entscheiden. Der einzige Weg, um systemischen Wandel herbeizuführen, liegt in einer Massenbewegung, und für eine Massenbewegung sind Millionen Menschen nötig, die zusammenarbeiten – nicht nur Individuen, die ihre persönlichen Lebensgewohnheiten ändern.

Denk global, handle lokal.

DANIELA TORRES PÉREZ

18 Jahre
PERU/GROSSBRITANNIEN

Ein Teil meiner Familie lebt noch in Peru. Auf der Seite meiner Großmutter gehören einige einem Stamm an, der im Amazonas-Regenwald lebt. Als ich nach Peru gefahren bin und gesehen habe, wie sich dort in den vergangenen Jahren die Dinge so schnell zum Schlechteren verändert haben, hat mir das die Augen für den Klimawandel geöffnet.

Peru ist stark betroffen. In den letzten paar Jahren sind extreme Wetterereignisse sowohl häufiger als auch stärker geworden, dazu gehören Überflutungen, Trockenheiten und schwere Regenfälle. In Zukunft wird es noch schlimmer werden. Der steigende Meeresspiegel könnte einige von Perus beliebtesten Küstenregionen innerhalb von achtzig Jahren unbewohnbar machen. Perus Gletscher schmelzen, und die daraus folgenden Überflutungen und Trockenheiten werden sich sehr stark auf die Ernte auswirken und zu einem Mangel an Nahrungsmitteln beitragen.

Klimaangst ist aufreibend. Und wenn man sich als Individuum machtlos vorkommt, ist das niederdrückend. Dass ich nicht weiß, ob meine Familie in Peru erneut aus ihren Häusern evakuiert werden muss oder ob sie Opfer des Klimawandels wird, ist für mich schrecklich. Meine Zukunft ist wegen des Klimawandels unsicher, von der Zukunft kommender Generationen ganz zu schweigen.

Ohne Hoffnung sind wir nichts.

Anfangs war meine Mutter dagegen, dass ich protestiere. Aber 2019 begriff sie schließlich, welche Bedeutung der Klimawandel hat, und unterstützte mich. Der erste Protest, den ich organisieren half, fand im Februar 2019 statt. Wir rechneten mit einer geringen Zahl an Teilnehmern, denn wir hatten gerade erst mit dem Organisieren begonnen. Und dann beteiligten sich fünftausend Schüler daran! Ich kann gar nicht beschreiben, wie schön es war zu merken, dass so viele Menschen die Sache wichtig nehmen. Das hat mir die Hoffnung für die Menschheit zurückgegeben.

Perus Gletscher sind die Hauptquelle für die Trinkwasserversorgung des Landes. Sie sind seit dem Jahr 2000 um fast 30 Prozent geschrumpft. Der Verlust an Eis schreitet immer schneller voran. Die Gefahr wächst, dass die Gletscher in den kommenden Jahren ganz verschwinden.

CATARINA LORENZO

13 Jahre
BRASILIEN

Ich bin ganz in der Nähe von wunderschönen Korallenriffen bei Salvador in Brasilien aufgewachsen. Meine Mutter und ich sind schon immer dort schwimmen gegangen.

Im Sommer 2019 fielen mir eine Menge weißer Punkte auf dem großen Korallenriff ins Auge, als ich näher herankam. Diese Punkte zeigen an, dass die Koralle tot ist.

Ich vermutete, dass das Riff abgestorben war, weil die oberste Schicht des Wassers zu heiß war. Also tauchte ich und berührte den Sand am Meeresgrund. Sogar dort war das Wasser heiß! Ich konnte nicht besonders lange im Wasser bleiben. Wenn ich schon mit der Hitze nicht zurechtkam, wie sollten das dann Fische, Korallenriffe und andere Meereslebewesen schaffen?

Habt keine Angst.
Gemeinsam sind wir stärker.

Ich hatte keine Ahnung, warum das Wasser so heiß war. Dann nahmen wir in der Schule den Klimawandel durch und erfuhren, wie die Temperaturen durch das Verhalten des Menschen ansteigen. Von jenem Tag an wusste ich, dass ich den Klimawandel aufhalten muss. Das Bild der abgestorbenen Korallen ist für mich wie eine Hand im Rücken, die mich unaufhaltsam voran in den Kampf schiebt.

* * *

Hier in Brasilien erleiden wir mehr Dürren als in den Jahren zuvor. Manchmal regnet es weniger, und manchmal haben wir Regen im Überfluss. Früher konnten die Leute sagen: »Jetzt ist es Zeit für den Regen«, sie bereiteten in der Landwirtschaft alles vor, und es regnete. Aber jetzt spielt das Klima derart verrückt, dass man keine Vorhersagen mehr treffen kann. So sind jede Menge Ernteerträge und damit Geld verloren gegangen.

Wenn es in meiner Stadt heftig regnet, wird das Abwasser in den Fluss gespült, der ins Meer mündet. Ich surfe gern, und manchmal traue ich mich nicht mal ins Wasser, aus Angst, krank zu werden. Ich kann vom Wasser wegbleiben – aber wie sieht es aus mit dem Leben im Meer?

Außerdem brennt es in den letzten Jahren in Brasilien viel häufiger. Dass der Regenwald im Amazonasgebiet brennt, hat jeder mitbekommen, es gibt aber einen weiteren Brandherd, um den ich mir sehr viel mehr Gedanken mache, und der liegt im Pantanal-Sumpfland. Das ist ein Feuchtgebiet, in dem eigentlich jede Menge Wasser sein sollte – aber kein Feuer.

Der Klimawandel nimmt mir und vielen anderen Kindern und jungen Leuten die Chance auf eine Zukunft. Unsere Staatsmänner müssen auf das hören, was junge Menschen sagen, denn wir versuchen nur, unser Haus zu reparieren – den Planeten Erde.

Das Pantanal-Sumpfland ist das größte tropische Feuchtgebiet. Es ist eine der Gegenden mit der höchsten Biodiversität der Welt. 2019 wurden in diesem Gebiet mehr als achttausend Feuer gezählt, das bedeutet einen Anstieg von 462 Prozent im Vergleich zum Vorjahreszeitraum.

In politischer Hinsicht hat mich Bernie Sanders am stärksten beeinflusst. Er ist schon sein Leben lang Aktivist und hat erkannt, dass die Regierenden ihre Privilegien niemals aus reiner Herzensgüte aufgeben werden und dass die einzige Möglichkeit, echten Wandel zu erreichen, darin besteht, von unten her anzufangen und an die Spitze vorzudringen, indem man die Menschen einbindet und anspornt.

Eyal Weintraub, 20 Jahre, Argentinien

INSPIRIERT?

Meine größte Inspiration ist meine Familie, die mir immer sagt, wie wichtig die Umwelt ist, und die mir immer zur Seite steht und mich in diesem Kampf unterstützt. Und Greta Thunberg, denn ich sehe, was sie tut, und das führt dazu, dass ich mehr tun möchte. Und außerdem jeder, der versucht, etwas zu tun, was uns hilft – und seien es noch so kleine Dinge.

Catarina Lorenzo, 13 Jahre, Brasilien

Mich inspirieren viele Menschen, aber letztendlich lautet die Antwort auf diese Frage: Mich inspiriert die Natur. Es gibt nichts Großartigeres als die Natur selbst und ihre unterschiedlichen Ökosysteme und Lebensformen. Daran zu denken, gibt mir die dringend benötigte Energie, um diesen Weg weiter zu beschreiten.

Juan José Martín-Bravo, 24 Jahre, Chile

JUAN JOSÉ MARTÍN-BRAVO

24 Jahre
CHILE

Als ich in der Schule den Dokumentarfilm *Eine unbequeme Wahrheit* von Al Gore sah, änderte das für mich alles. Damals wurde mir klar, dass ich etwas tun musste, und ich beschloss, mich auch beruflich diesem Ziel zu widmen.

Chile weist sieben der neun charakteristischen Merkmale der Anfälligkeit für Klimawandel auf, wie die Vereinten Nationen sie definiert haben: niedrig gelegene Küstengebiete. Trockene und halbtrockene Gebiete. Bewaldete Gebiete. Gebiete, die anfällig für Naturkatastrophen sind. Gebiete, die anfällig für Dürren und Versteppung sind. Städtische Gebiete mit hoher Luftverschmutzung. Gebirgige Ökosysteme.

Die meisten Chilenen zum Beispiel beziehen ihr Wasser aus dem Schnee und den Gletschern der Berge. Beide Quellen sind stark abhängig von einem stabilen Wasserkreislauf, der von Regenfällen und der globalen Erwärmung beeinflusst wird.

Bei der Klimakrise geht es nicht nur um uns Menschen – es ist eine Krise des Ökosystems. Chile hat mehr als ein Jahrzehnt an Dürren erfahren. Weite Teile der Pflanzen- und Tierwelt sowie zahlreiche Pilzarten sind während meiner Lebenszeit aus meiner Stadt verschwunden. Brände haben die Wälder vernichtet, die ich kannte, und die Berge rund um Santiago sind der Versteppung anheimgefallen. Wenn wir sagen: »Lasst niemanden zurück«, müssen wir das auch genau so meinen, und wir müssen begreifen, dass zu denjenigen, die der Klimawandel am härtesten trifft, viele Menschen gehören, ebenso aber auch vieles andere, das nicht menschlich ist – und dass wir für all das kämpfen müssen.

* * *

In den vergangenen sechs Jahren habe ich mich für mehr Nachhaltigkeit eingesetzt und gegen den Klimawandel gekämpft. Es war ein langer Weg, und unterwegs bin ich gereift und habe manches gelernt, es gab Träume und Hoffnungen, und das, wofür ich mich eingesetzt habe, hat sich entwickelt. Es begann damit, dass ich mich während meines Studiums der Ingenieurswissenschaften für erneuerbare Energien einsetzte. Heute bin ich dabei, eine Organisation aufzubauen, in der sich Menschen für den Klimaschutz zusammenfinden können. Mein Ziel ist es, dabei zu helfen, nachhaltige Lösungen zu entwickeln, festgefahrenes Denken zu durchbrechen und schlagkräftige Projekte auf den Weg zu bringen.

Von allen Projekten, an denen ich mitgearbeitet habe, liegt mir ganz besonders das Projekt »Operaciones Cverde« am Herzen, das es bis zum »National Environment Award« gebracht hat, den man auch Chiles »Nobelpreis für Umweltarbeit« nennt. Wir haben ohne vorherige Erfahrung angefangen, stattdessen war es unser Ziel, sehr viel von anderen zu lernen. Die Aufgabe dieses Freiwilligenprojekts war es, die Sumpfgebiete von Pichicuy und El Trapiche zu retten. Der wunderbarste Teil der Arbeit waren die Dinge, mit denen wir nicht gerechnet hatten. Die Vögel kehrten ins Sumpfland zurück und nisteten dort, und wir freundeten uns mit den Einheimischen an, die mit uns zusammenarbeiteten.

Wir leben in einem Informationszeitalter, und da ist es nötig, dass sowohl junge als auch ältere Menschen sich in Bescheidenheit üben. Ältere Menschen sollten akzeptieren, dass Informationen leicht zu erhalten sind und dass junge Leute Zugang dazu haben. Aber die jungen Menschen sollten ihrerseits akzeptieren, dass auch noch so viele Informationen wertvolle Erfahrung nicht ersetzen können. Wir müssen zusammenarbeiten. Wenn wir über Informationen verfügen, sollten wir sie einbringen. Wenn wir die Erfahrung haben, sollten wir sie mit anderen teilen. Und wenn wir die Arbeit vollbracht haben, sollten wir unsere Ergebnisse den anderen zeigen.

**Jetzt ist der Zeitpunkt,
an dem Umwelt und Menschen
an erster Stelle stehen müssen.**

JOÃO HENRIQUE ALVES CERQUEIRA

27 Jahre
BRASILIEN

Ich habe ein Projekt, bei dem wir mit dem Fahrrad unterwegs sind, um die Geschichten von Menschen zu sammeln, die in der Klimakrise an vorderster Front stehen, besonders in traditionellen und indigenen Gemeinschaften. Ich habe dabei erfahren, dass die vergangenen zehn Jahre die schlimmsten gewesen sind, was Dürren und Stürme angeht, und viele Menschen werden durch die klimatischen Veränderungen dazu gezwungen, ihren angestammten Lebensraum zu verlassen.

In Brasilien haben wir mehr Fälle von Dürreperioden als je zuvor, die sich mit schweren Stürmen abwechseln. Das gefährdet viele Gemeinden jeden Tag aufs Neue, sowohl in den ländlichen Gebieten als auch in den Slums der Städte. Die größten Städte des Landes liegen in den Küstengebieten, für die der Anstieg des Meeresspiegels zur Gefahr wird. Der Amazonas-Regenwald könnte so stark abgeholzt werden, dass er sich komplett verändert und zur Savanne wird.

Ich engagiere mich, denn ich spüre, dass wir als Gesellschaft dabei sind, vollkommen zu versagen, und dass die meisten Leute sich dessen gar nicht bewusst sind. Viele Menschen glauben nicht, dass Aktivismus nötig ist oder dass die Klimakrise überhaupt von Bedeutung ist. Obwohl wir mit wenigen Mitteln viel erreichen, wäre es toll, wenn wir ein bisschen mehr finanzielle Planungssicherheit hätten, damit wir uns stärker auf den Aktivismus konzentrieren können.

Mich begeistern die vielen Menschen, die ihr Leben der Aufgabe gewidmet haben, ihr Land und die Natur zu verteidigen – etwas, was in Brasilien weit verbreitet ist. Meine Eltern machen sich Sorgen wegen der Berichterstattung über mich. Sie haben Angst, dass ich bedroht werden oder irgendeiner Art von Gewalt ausgesetzt sein könnte.

Landbesitz und Einkommen konzentrieren sich in Brasilien in den konservativen Kreisen der Gesellschaft. Das hat seit der Kolonialzeit zu einer Menge Ungleichheit geführt. Die Vermögenden verfügen über großen wirtschaftlichen und politischen Einfluss und könnten mit dazu beitragen, dass das Land eine Wirtschaftsform verfolgt, die weniger auf der Ausbeutung von Rohstoffen basiert. Wir arbeiten daran sicherzustellen, dass wir Abgeordnete wählen können, die an Wissen und Arbeit glauben, um die Demokratie zu stärken.

Meine Botschaft an die Menschen, die sich wegen der Klimakrise Sorgen machen, lautet: Werdet aktiv! Wir haben keine Zeit mehr, einfach nur auf die Umgestaltung zu warten, die wir brauchen, und wir dürfen nicht mehr weiterhin an grenzenloses Wachstum glauben. Wir müssen unser Konsumverhalten ändern und Entscheidungsträger wählen, die wirklich hinter den Umweltthemen stehen. Wenn wir das jetzt nicht tun, bedeutet es, dass wir die schlimmsten Folgen der Klimakrise billigend in Kauf nehmen.

GILBERTO CYRIL MORISHAW

25 Jahre
CURAÇAO/NIEDERLANDE

Ich bin auf einer Karibikinsel namens Curaçao geboren. Sonniger Himmel und blaues Wasser waren Teil meiner Kindheit, aber ebenso eine umweltschädliche Raffinerie mitten im Hafen von Curaçao.

Ich erinnere mich, dass meine Schule manchmal geschlossen wurde, weil der Wind aus einer anderen Richtung kam und so giftige Chemikalien aus der Raffinerie zu uns hingetragen hätte. Es schlossen aber nicht alle Schulen, die windabwärts der Raffinerie lagen, und dort atmeten einige Schüler die giftigen Dämpfe ein.

Zwar begriff ich, welche Schädigung von den Giftstoffen ausging, aber ein stabiles Klima habe ich bis vor Kurzem immer für selbstverständlich gehalten. Die Temperatur in den Tropen ist das ganze Jahr über gleich, Jahreszeiten gibt es hier nicht. Aber jetzt weiß ich, dass der Klimawandel die wunderbaren Korallenriffe von Curaçao zerstört, die einst schützende Barrieren gegen die Stürme bildeten, und auf diese Art und Weise negative Auswirkungen auf unsere Küsten hat. Zudem trifft der Klimawandel auch den Fischfang, dem in unserer Inselwirtschaft eine Schlüsselrolle zukommt.

Curaçao ist eine regenarme, semiaride Insel. In den meisten Zukunftsszenarien wird der Klimawandel das Leben für mein Volk schlechter machen: mehr Dürren, weniger Regen und mehr Hitze. Wenn der Meeresspiegel ansteigt, läuft Curaçao Gefahr, zum Teil überflutet zu werden, was die Lebensbedingungen deutlich verschlechtern wird. Armut und Ernährungsunsicherheit werden ansteigen, und man wird viele Menschen umsiedeln müssen.

Mir ist klar geworden, dass der Klimawandel Ausdruck eines größeren Problems ist. In Wahrheit geht es um unsere Beziehung zu uns selbst und zu anderen – und um unsere Beziehung zu unserer Umwelt.

Wenn man es so betrachtet, hängen alle Ungerechtigkeiten miteinander zusammen. Wenn wir uns die Geschichte ansehen und viele verschiedene Beispiele für Krisen, Ungerechtigkeiten und Unterdrückung betrachten, können wir auch die Ähnlichkeiten zwischen ihnen erkennen. Ich habe angefangen, gegen den Klimawandel zu kämpfen, weil dieser Kampf im Zusammenhang steht mit dem Kampf für eine inklusive Gesellschaft, für ökonomische Gerechtigkeit und für eine bessere Art, miteinander umzugehen.

Die Einwohner von Curaçao müssen erfahren, dass der Klimawandel nicht einfach nur etwas ist, was im Ausland geschieht; er ist auch für uns von höchster Relevanz. Wir müssen uns ehrlich bewusst machen, wie auch wir zum Klimawandel beigetragen haben. Unsere hiesige Raffinerie ist eine der schmutzigsten auf der ganzen Welt. Bis vor Kurzem gehörte der Pro-Kopf-Ausstoß an Kohlenstoff in unserem Land zu einem der höchsten der Welt.

Das können wir besser – und wir werden es auch besser machen. Curaçao hat das Potenzial, mit gutem Beispiel voranzugehen. Es kann ein Vorild dafür sein, wie kleine Insel-Entwicklungsländer eine Vorreiterrolle in Sachen Klimaschutz übernehmen können. Wir müssen anfangen, unsere Systeme zu erneuern, und wir müssen uns klarmachen, dass Wandel auch Unannehmlichkeiten mit sich bringt.

Gleichzeitig müssen wir alles tun, was wir können, um gerechte Lösungen für diejenigen auf den Weg zu bringen, die am stärksten gefährdet sind. Wir müssen ihnen die Chance – und die Kraft – geben, sich ein Leben zu gestalten, in dem sie nicht Opfer werden von ungerechten Geschäften mit fossilen Energien, bei denen man sie im Namen der finanziellen Stabilität und der wirtschaftlichen Unabhängigkeit vergiftet. Das können wir tun, wir werden es tun, und wir werden siegen.

Wir dürfen nicht zulassen, dass die Furcht uns den Mut nimmt.

EUROPA

KONTINENT: EUROPA

BEVÖLKERUNG: 740 MILLIONEN

DIE GRÖSSTEN KLIMATISCHEN HERAUSFORDERUNGEN:

- **Hitzewellen** – 2019 erlebten Großbritannien, Belgien, Deutschland und die Niederlande Rekordtemperaturen – zudem wurden Hitzewellen in den Niederlanden und Frankreich durch den Klimawandel hundert Mal wahrscheinlicher.

- **Klimamigration** – Die Anzahl an Menschen, die versuchen, das Mittelmeer zu überqueren, um in Europa Asyl zu suchen, wächst mit dem Anstieg der globalen Temperaturen. Dürren und schlechtere Ernten werden aller Voraussicht nach zunehmen und in den kommenden Jahrzehnten immer mehr Menschen aus den am schlimmsten betroffenen Gebieten dazu bringen, sich auf den gefährlichen Weg zu machen.

- **Waldbrände** – Zwischen 2008 und 2018 wurden jedes Jahr durchschnittlich 464 Waldbrände gezählt. 2019 lag diese Zahl mehr als drei Mal so hoch, bei 1 600 Bränden. Mehr als 270 000 Hektar Wald brannten ab. Wenn der Anstieg der globalen Temperatur unter 1,5 Grad Celsius bleibt, könnte die Fläche der verbrannten Wälder in Zukunft um 40 Prozent steigen – bei einem höheren Anstieg ist im schlimmstmöglichen Fall eine Zunahme der verbrannten Fläche um 100 Prozent möglich.

- **Mehr Überflutungen und Stürme** – Der Norden Europas wird wahrscheinlich heftigeren Regenfällen ausgesetzt sein. Noch wahrscheinlicher ist es, dass es zu Überflutungen kommen wird.

HOLLY GILLIBRAND

15 Jahre
SCHOTTLAND

Holly Gillibrand lebt in einer kleinen Stadt in der Nähe von Fort William, im abgelegenen, gebirgigen schottischen Hochland. Die folgende Rede hielt sie im April 2019 bei einer Tagung der »Scottish Green Party«.

Ich heiße Holly, bin dreizehn Jahre alt und Naturschützerin und Umweltaktivistin aus Fort William. Vor Kurzem bin ich Jugendbotschafterin für »Scotland: The Big Picture« geworden, und ich setze mich bei der Tierschutzorganisation »OneKind« gegen die Verfolgung von Wildtieren ein. Seit dem 11. Januar nehme ich auch jeden Freitag am Schulstreik für das Klima teil.

Wissenschaftler schätzen, dass jeden Tag 200 Arten aussterben. Die Menschen sind dafür verantwortlich, dass seit 1970 mehr als die Hälfte aller Arten von der Erde verschwunden sind, obwohl wir selbst als Spezies erst seit einer winzigen Zeitspanne auf diesem Planeten existieren. In Schottland ist eine von elf Arten vom Aussterben bedroht, und Großbritannien landete bei einer Untersuchung, in der 218 Länder hinsichtlich der Unversehrtheit ihrer Biodiversität beurteilt wurden, auf Platz 189. Von 218 Ländern sind nur 28 in einem schlechteren ökologischen Zustand als wir! Ich habe mit meinem Schulstreik nicht so sehr wegen der Menschheit begonnen, sondern wegen all der Tiere, die wir mit uns reißen, wenn wir über die Klippe gehen.

Um Greta Thunberg zu zitieren: »Wir haben unsere Hausaufgaben gemacht. Unsere politische Führung nicht.« Die Regierung in Westminster ist so sehr in das Brexit-Schlamassel verstrickt und von Wirtschaftswachstum besessen, dass die Politiker keinen Gedanken an irgendetwas anderes verschwenden, nicht mal an den Fortbestand des Lebens auf diesem Planeten.

Schottland behauptet zwar, beim Vorgehen gegen den Klimawandel mit führend in der Welt zu sein, doch wir gehören zu den zwanzig Ländern der Welt mit dem höchsten CO_2-Ausstoß. Würden alle Menschen so leben wie die Menschen in Großbritannien, würden wir jedes Jahr die Rohstoffe von 2,9 Planeten verbrauchen. Die Jugend will, dass sich etwas ändert. Wir werden nicht schweigend dabei zusehen, wie die verantwortlichen Erwachsenen unseren Planeten ausbeuten und plündern und die Suche nach Öl- und Gasvorkommen weiter vorantreiben.

Die Ozeane sind übersäuert und erwärmen sich immer weiter, der Meeresspiegel steigt. Die Regenwälder werden abgeholzt. Die Polkappen schmelzen ab. Korallen sterben. Unsere Meere sind überfischt und voller Plastik. Die Felder werden mit Pestiziden besprüht. Extreme Wetterereignisse werden zunehmend alltäglicher. Und die Aussterberate ist 1 000 bis 10 000 Mal höher, als es natürlicherweise zu erwarten wäre.

Das ist die Welt, mit der junge Menschen meines Alters zurechtkommen müssen, wenn die älteren Generationen nicht mehr da sind. Und das ist die Welt, die meine Generation nicht annehmen wird. Erwachsene gratulieren uns und sagen, die Jugend werde die Welt retten. Aber die Jugend wird die Welt nicht retten. Ihr alle müsst es tun, die Erwachsenen, die reifen Menschen, die Politiker sind es, die den Kampf für unseren Planeten, für unsere Zukunft und für alles Leben auf der Erde anführen müssen. Wir haben keine Zeit zu warten, bis wir Jungen erwachsen sind.

Ein großer Teil Schottlands besteht aus einer kahlen ökologischen Wüste, wo nicht viel gedeiht. Bis zu 20 Prozent dieses Landes wird für die Moorhuhnjagd verwendet, einen veralteten und überholten blutigen Sport, bei dem während eines kurzen Zeitraums von vier Monaten im Jahr ein Großteil des Landes dem Vergnügen einer sehr kleinen Anzahl von Leuten dient. Wildtiere, die in Schottland heimisch sind, werden abgeschossen, vergiftet und von Wildhütern gefangen, um das Moorschneehuhn zu schützen, das man dann später auch wieder schießt.

Das muss sich ändern – genauso wie unsere Abhängigkeit von fossilen Brennstoffen sich ändern muss. Der Schutz und die Wiederherstellung der Natur sind unbedingt erforderlich, um die Zerstörung abzufangen, die der Klimawandel verursachen wird. Wissenschaftler sprechen über Zukunftstechnologien, die Kohlendioxid aus der Luft binden werden – aber diese Technologien gibt es bereits: Man nennt sie Bäume und Torflandschaft! Das sind die natürlichen Lösungen, die wir nicht vergessen dürfen! Wir müssen unsere politische Führung dazu bringen, diese Missstände zu beseitigen, und wir werden nicht eher aufhören zu kämpfen, bis sie sich endlich wie die Erwachsenen verhalten, für die wir sie immer gehalten haben. Vielen Dank.

Gratuliert den jungen Aktivisten nicht – hört euch lieber an, was wir sagen.

STAMATIS PSAROUDAKIS

22 Jahre
GRIECHENLAND

Ich setze mich für eine Zukunft ein. Nicht für eine bessere Zukunft, sondern überhaupt für irgendeine Art von Zukunft. Die gesamte Menschheit ist in Gefahr.

Ich protestiere gegen den Kapitalismus, gegen Politik, die sich bloß einen grünen Anstrich gibt, und gegen Weltanschauungen, die einzig und allein profitorientiert sind. Ich kämpfe gegen Blindheit, Gleichgültigkeit und Ignoranz, denn das alles hält die Bürger davon ab, sich mit dem Klimawandel auseinanderzusetzen. Ich setze mich für das Recht zu leben ein.

Ich habe angefangen, meine Stimme für mehr Umweltgerechtigkeit zu erheben, als ich von den negativen Auswirkungen und Folgen erfahren habe, die unsere alltäglichen Entscheidungen auf das Klima der Welt haben – die Entscheidungen, wo wir einkaufen, was wir essen, wer unsere Waren herstellt. Ich war schockiert, als ich feststellte, welche versteckten Kosten in Form von Umweltschäden Fleisch und Wegwerfmode mit sich bringen. Ich bin unzufrieden mit der

Politik und den Gesetzen, die den Klimawandel bekämpfen sollen, und glaube, dass die neu eingeführten Maßnahmen sich zum Großteil nur einen grünen Anstrich geben und das Problem als solches nicht lösen werden.

Was einen im Leben eines jungen Aktivisten am meisten herausfordert, ist, den alten politischen Entscheidungsträgern ununterbrochen die Stichhaltigkeit unserer Argumente beweisen zu müssen. Junge Leute werden aufgrund ihres Alters falsch eingeschätzt und häufig nicht ernst genommen. In einer Zeit, in der junge Leute in aller Welt direkt vom Klimanotstand betroffen sind, sollten wir uns zum Ziel setzen, generationenübergreifend zusammenzuarbeiten und von Vorverurteilungen und endlosen gegenseitigen Schuldzuweisungen Abstand zu nehmen.

Mich begeistert jeder, der begreift, was der Klimanotstand wirklich bedeutet, und der sich entschlossen hat zu handeln. Besonders bewundere ich Aktivisten, die an Orten arbeiten, an denen die Umweltdebatte keine oder kaum Aufmerksamkeit bekommt.

* * *

Griechenland ist wegen seiner vielen ungeschützten Inseln stark von der Klimakrise bedroht. Wir hatten hier in den letzten paar Jahren extreme Wetterbedingungen, aber nur wenige Leute sprechen vom Klimawandel. Ich atme täglich schädliche Luft ein, lebe in einem zu heißen Klima und mache mir Sorgen, dass die nächsten extremen Wetterereignisse meine Heimat zerstören könnten. Ich habe Angst, dass der Klimawandel sich jederzeit negativ auf mein Leben auswirken könnte.

Ich setze mich für diejenigen ein, die am stärksten gefährdet sind und in dieser Debatte an vorderster Front stehen. Griechenland und andere Länder mit gefährdeten Küsten sollten in dieser Frage wichtige Impulsgeber sein und die Umweltbewegung in Europa weiter voranbringen.

Mir ist klar, dass die privilegierten Länder, die für die Klimakatastrophe verantwortlich sind, das Problem ignorieren, weil sie ein Sicherheitsnetz aufgebaut haben, das sie vor den Folgen schützt. Diejenigen, die am stärksten darunter leiden, leben dort, wo die nötige Infrastruktur fehlt, um mit dem Klimawandel zurechtzukommen. Solche Länder haben die brutalsten Auswirkungen der Klimaveränderung erfahren. Sie haben gesehen, wie Häuser zerstört wurden, wie Menschen ertrunken sind. Viele Menschen müssen ihre Länder verlassen und werden zu »Umweltflüchtlingen«.

Taten sagen mehr als Worte.

LILITH ELECTRA PLATT

11 Jahre
NIEDERLANDE

Ich protestiere gegen den Mangel an Verantwortungsbewusstsein der Regierung, die nicht handelt und die Folgen des Klimawandels sowie die Verschmutzung der Umwelt und unseres Lebensraums durch Plastik nicht verlangsamt und verhindert. Ich kämpfe für eine sichere und glückliche Zukunft für die Kinder dieser Welt, für ein Leben im Einklang mit der Natur, für Respekt vor allen Lebewesen und für ein Ende jeglicher sozialer Diskriminierung.

2015 war ich sieben Jahre alt und habe angefangen, dort wo ich wohne, Plastik und andere Abfälle von den Straßen und öffentlichen Plätzen einzusammeln. So entstand das Projekt »Lilly's Plastic Pickup«. Wir haben regelmäßig Müll gesammelt, sortiert, recycelt und die Erfolge öffentlich gemacht, um andere zu ermutigen, mitzumachen und Ähnliches zu tun.

Im September 2018 sah ich die Bilder von Greta Thunbergs Schulstreik-Aktion in Stockholm. Das gab mir den Anstoß, gegen das ausbleibende Handeln angesichts des Klimawandels zu protestieren. Ich sagte mir: »Das muss ich auch machen«, und begann mit einer wöchentlichen Protestaktion hier vor meinem Rathaus.

Die Niederlande sind von den Auswirkungen des Klimawandels nicht so schlimm betroffen wie viele andere Länder, aber da mehr als die Hälfte des Landes auf oder unter Normalnull liegt, ist es sehr verwundbar gegenüber dem ansteigenden Meeresspiegel.

Die größte Herausforderung liegt für mich darin, mit der Negativität zurechtzukommen, mit den Beleidigungen und den anonymen Beschimpfung durch Internettrolle in den sozialen Medien. Es gibt Leute, die zu meinen Schulstreiks kommen und rufen, dass das alles dumm sei und dass wir wieder zurück in die Schule gehen sollten. Sie haben ihr grünes Herz verloren, die Verbindung des Menschen mit der Natur. Politiker und Erwachsene müssen ihr grünes Herz wiederfinden und begreifen, warum es so wichtig ist, dass wir diese Verbindung haben. Sie wird uns helfen, den Planeten zu retten.

Ich mache weiter, denn ich bin der Meinung, dass ich für eine gerechte Sache kämpfe. Die Zukunft für die junge Generation muss gesichert werden – und wir werden letzten Endes gewinnen. Wir machen weiter, wir lassen uns nicht entmutigen, wir sind viele, und gemeinsam sind wir stark.

ANNA TAYLOR

19 Jahre
ENGLAND

Die Umwelt ist mir immer unglaublich wichtig gewesen, aber niemand anders in meinem Alter schien sich bewusst zu sein, wie stark sie bedroht ist. Also wollte ich eine Plattform schaffen, über die andere junge Leute wie ich zusammenarbeiten konnten. Ich wollte ein Bewusstsein für den Klimawandel wecken und es weiteren jungen Leuten leichter machen, in diesem Bereich aktiv zu werden.

Zuerst fing ich an, mich in meiner Schule zu engagieren und ging zu Protestmärschen von anderen Organisationen. Dann gründete ich das »UK Student Climate Network« und koordinierte die #youthstrike4climate-Bewegung in Großbritannien, was eine Riesenmenge Arbeit war.

Als ich über Skype mit einer Partner-Aktivistin auf den pazifischen Inseln sprach, war das für mich ein unvergesslicher Augenblick. Obwohl ich mich seit Monaten engagiert hatte, war es immer noch so leicht, sich weit weg von der harten Realität zu fühlen – und von der Tatsache, dass die katastrophalen Folgen des Klimawandels genau jetzt in vielen Teilen der Welt stattfinden. Als ich mit ihr sprach, habe ich der Wahrheit ins Auge geblickt, und als ich von den extremen Wetterereignissen erfuhr, mit denen sich ihr Ort immer häufiger konfrontiert sieht, hat mir das die Tränen in die Augen getrieben. Vor allem aber tut es mir leid, dass ich nicht mehr tun kann. Seit dieser Unterhaltung bin ich motiviert, mich auf einer sehr viel tiefergehenden Ebene für Klimagerechtigkeit einzusetzen.

Zu Beginn haben mich meine Eltern nicht besonders unterstützt. Aber ich glaube, jetzt macht es ihnen nicht mehr so viel aus. Es ist sehr schwierig, eine jugendliche Aktivistin zu sein und gleichzeitig sein seelisches Gleichgewicht zu bewahren. Mein Engagement hat mir ein Ziel gegeben, mich motiviert, gestärkt, mir ein Gefühl von Gemeinschaft gegeben und sich so auf vielfältige Weise als gut für meine seelische Gesundheit erwiesen.

Aber zu viel des Guten kann auch schädlich sein: Eine Zeit lang hat der Jugendaktivismus mein Leben aufgezehrt, er war das Einzige, das für mich zählte. Ich habe rund um die Uhr gearbeitet und sah doch zugleich nur einen sehr langsamen Fortschritt. Zudem überraschte mich der Hass, der mir auf Twitter entgegenschlug, sehr und wirkte auf mich äußerst ernüchternd – auch wenn ich mich heute darüber amüsieren kann. Und alles, womit man zurechtzukommen musste, kam ja noch zusätzlich zu den Hausaufgaben – es war sehr erdrückend.

Dennoch hat der Klima-Aktivismus mir Hoffnung gegeben, und das in einer Zeit, in der wir sehr wenig Hoffnung

haben. Eine Bewegung wie diese hat es noch nie zuvor gegeben – eine Jugendbewegung, die sich über die ganze Welt erstreckt, Millionen von Kindern, die zeitgleich Aktionen für
ein gemeinsames Ziel koordinieren. Es ist eine Bewegung
voller Hoffnung, Freundlichkeit und Anerkennung. Ich bin
mein ganzes Leben lang noch nie so stolz auf etwas gewesen wie darauf, dass ich zu dieser Generation gehöre. Wenn
das die Menschen sind, mit denen ich meine Zukunft verbringen soll, dann bin ich voller Hoffnung auf das, was noch
kommen wird.

Umgebt euch mit optimistischen Menschen, die eure Vision für eine bessere Zukunft teilen.

RAINA IVANOVA

15 Jahre
DEUTSCHLAND

Durch den Dokumentarfilm *Eine unbequeme Wahrheit* von Al Gore habe ich zum ersten Mal begriffen, was tatsächlich mit der Welt geschieht. Es war schmerzhaft, diese Katastrophenbilder zu sehen. Doch dadurch begann mein Engagement, denn nur zu weinen hilft ja keinem weiter.

Anfang des Jahres habe ich meiner kleinen Schwester vom Klimawandel erzählt. Sie ist sieben Jahre alt und liebt Tiere sehr. Als sie hörte, dass täglich über hundert Tier- und Pflanzenarten aussterben, fing sie an zu weinen, weil sie solche Angst bekam. Als ich sah, wie sie dabei empfand, fühlte es sich an, als würde ich den Boden unter den Füßen verlieren.

Das Leben als junge Klima-Aktivistin ist sehr stressig. Ich werde häufig kritisiert, und manchmal machen sich Leute über mich lustig. Am meisten stört mich, dass meine Freunde sich jetzt so fühlen, als würde ich sie jedes Mal verurteilen, wenn sie mit dem Auto irgendwohin fahren oder etwas aus Plastik kaufen.

In meiner Heimatstadt Hamburg sind die steigenden Temperaturen unser größtes Problem. Deutschland hat 2019 den heißesten Sommer seit Beginn der Wetteraufzeichnungen erlebt. Das macht es schwerer, so zu leben, wie wir es normalerweise tun. Es ist schwieriger, sich in der Schule zu konzentrieren, denn wir sind so hohe Temperaturen nicht gewohnt und Klimaanlagen sind selten. Nach der Schule können wir kaum draußen bleiben, weil es einfach zu heiß ist.

Die politische Führung sollte begreifen, dass ein Zusammenbruch der Umwelt nicht gut für die Wirtschaft wäre. Wenn ich eine Sache an meinem Land ändern könnte, wäre das die Einstellung der Menschen gegenüber ihrer Umwelt. Es wäre schön, wenn sie ihr mehr Wertschätzung entgegenbringen würden. Veränderung fängt bei jedem selbst an, und wenn mehr Menschen die Natur und die Geschöpfe, die mit uns auf diesem Planeten leben, wirklich zu schätzen wüssten, würden sie sie schützen.

Al Gores Dokumentarfilm *Eine unbequeme Wahrheit* hatte 2006 Premiere. Als einer der kommerziell erfolgreichsten Dokumentarfilme aller Zeiten hatte der Film nachgewiesenermaßen einen größeren Einfluss auf die öffentliche Meinung über den Klimawandel als jede wissenschaftliche Veröffentlichung.

FEDERICA GASBARRO

25 Jahre
ITALIEN

Drei Dinge in meinem Leben haben mich dazu ermutigt, Aktivistin zu werden.

Ich bin in den Abruzzen geboren, einer Region in Mittelitalien voller Natur und Berge, aber ich lebe schon mein ganzes Leben mit meiner Familie in Rom. In den Ferien sind wir häufig in die Abruzzen gefahren, und wenn wir in den Bergen wandern waren, hat meine Mutter die Flaschen eingesammelt, die sie am Wegrand liegen sah, sie in den Rucksack gepackt und unten im Tal in den Müll geworfen. Zwei Dinge waren ihr immer wichtig: eine gute Ausbildung – und Respekt vor der Umwelt.

In der Mittelschule erzählte uns die Lehrerin im Geografieunterricht von einem verschwundenen See, den es heute nicht mehr gibt. Das hat mir das Herz gebrochen. Sie sagte, der Klimawandel sei schuld, aber zu diesem Zeitpunkt wusste ich noch nicht richtig, was das bedeutet. Erst als ich älter wurde und immer mehr erfuhr, wurde mir bewusst, welche Schäden wir den Ökosystemen zufügen.

Vor zwei Sommern war ich im Mittelmeer schwimmen, als plötzlich eine Flosse im Wasser auftauchte. Sie sah aus wie die von einem Hai. Im Mittelmeer gibt es keine Haie, die der Küste so nahe kommen, aber die Leute liefen alle aus dem Wasser. Letztlich war es nur ein armer toter Delfin. Als er an Land gespült wurde, quoll ihm Plastik aus dem Maul. Das schockierte mich, und ich fing an zu weinen. Selbst jetzt schmerzt es mich noch, wenn ich an diese Geschichte denke.

Ich habe Glück, dass ich nicht an einem Ort lebe, der bereits Opfer von schlimmen Katastrophen geworden ist. Aber der Klimawandel hat in Italien schon zu Überschwemmungen geführt, besonders in Venedig und Matera. In Venedig sind Überflutungen ganz alltäglich, nicht aber in dem Ausmaß, wie sie dort in den letzten Jahren vorkommen. Die Fluten haben die Städte, beide UNESCO-Welterbe, schwer beschädigt. Im Fall von Matera war es die erste Überflutung dieser Art – in Süditalien ist so etwas nicht normal. Und dadurch dass der Klimawandel sich auf der ganzen Welt verschlimmert, werden in Italien in Zukunft sicher viele Klimaflüchtlinge auftauchen.

Wir müssen vom Planen aufs Handeln umschalten.

Ich glaube, dass wir jungen Menschen eine starke Kraft im Kampf gegen die Klimakrise darstellen und dass wir siegen werden. Wir stellen mehr als die Hälfte der Weltbevölkerung, wir wachsen mit der Klimakrise auf und werden den Rest unseres Lebens mit ihr klarkommen müssen. Wir kämpfen um unser Überleben und um unsere Zukunft. Wir sind furchtlose Krieger, bewaffnet mit den Erkenntnissen der Wissenschaft, starker Social-Media-Kompetenz und den neuesten Technologien. Wir verfügen über kühne Ideen, grenzenlose Energie und unerschütterliche Entschlossenheit. Und wir werden nicht aufhören, ehe wir gewonnen haben. Wir sind die Bürger der Zukunft, und wir können und werden die Welt verändern.

Die Welt ist kürzlich Zeuge geworden, wie die Jugendbewegung gegen den Klimawandel erhebliche Fortschritte gemacht hat, das öffentliche Bewusstsein dafür zu fördern und Politiker unter Druck zu setzen, damit sie Maßnahmen ergreifen, um der Krise Herr zu werden. Wir haben Millionen Menschen zum Streiken gebracht und die Zusage der Europäischen Union bekommen, dass sie im kommenden Jahrzehnt Milliarden gegen den Klimawandel investieren wird. Gemeinsam sind wir der heftige Schrei gewesen, den Mutter Erde ausgestoßen hat. Ein Schrei, der bis jetzt nicht zu hören gewesen ist. Wir haben es geschafft, uns zu erheben, und haben die politische Führung dazu gebracht, diesen Schrei zu hören.

Die Anzahl der Mittelmeerüberquerer wächst mit dem Anstieg der globalen Temperaturen. Der Grund sind Dürren und schlechtere Ernten, die vermutlich noch weiter zunehmen und in den kommenden Jahrzehnten noch mehr Menschen dazu bringen werden, sich auf die gefährliche Migrationsroute zu wagen.

WAS WÜRDET IHR LEUTEN DES KLIMAWANDELS

Nehmt die Klimakrise persönlich.
Seid ruhig wütend auf sie und benutzt
diese Wut dazu, eure Stimme zu erheben
und Veränderung herbeizuführen.

Laura Lock, 18 Jahre, England/Ungarn

In Deutschland haben wir
ein Sprichwort: »Geteiltes Leid
ist halbes Leid«. Also teilt
eure Sorgen und sprecht über
den Klimawandel!

Raina Ivanova, 15 Jahre, Deutschland

SAGEN, DIE SICH WEGEN SORGEN MACHEN?

Die größte Herausforderung ist es, mit dem Druck und den Selbstzweifeln umzugehen. Es ist schwer zu wissen, dass nichts, was man als Einzelperson tut, egal, wie viel es sein mag, wirklich etwas bewirkt. Ich will alles verändern und alles tun, aber das ist nun mal nicht möglich. Wenn wir die Probleme lösen wollen, müssen wir das System verändern.

Holly Gillibrand, 15 Jahre, Schottland

LAURA LOCK

18 Jahre
ENGLAND/UNGARN

Laura Lock schrieb ihrer Schule und bat um Erlaubnis, an einem Klimastreik teilnehmen zu dürfen. Der Name der Schule wird hier aus Datenschutzgründen nicht genannt.

Februar 2019

Sehr geehrte Damen und Herren,
Teenager sind nicht anarchisch oder irrational, wenn sie sich Veränderung wünschen. Wenn ich mit sechzehn Jahren Staatsbürgerin unter einer Regierung bin, auf die ich keinen Einfluss habe, dann habe ich jedes Recht, wütend und unzufrieden mit ihrem Versagen in Sachen Klimaschutz zu sein. Die Vereinten Nationen haben erklärt, dass wir noch zwölf Jahre haben, um katastrophale Klimaveränderungen abzuwenden. Die Lage ist ernst. Und wenn hundert Unternehmen für mehr als 70 Prozent des CO_2-Ausstoßes verantwortlich sind, ist der Klimawandel nicht länger ein individuelles Problem. Das Licht auszumachen, wenn man das Zimmer ver-

lässt, wird die Welt nicht verändern. Wenn wir echte Ergebnisse sehen wollen, brauchen wir einen politischen Wandel auf höchster Ebene, der multinationalen Unternehmen Einschränkungen auferlegt. Doch das geschieht nicht.

Dass Schüler streiken, ist das Ergebnis von dreißig Jahren politischer Untätigkeit und systematischem Versagen. Diese Streiks sind nicht, wie Sie gesagt haben, »eine Ausrede, um in der Schule zu fehlen«, sondern ein Appell an diejenigen, die an der Macht sind, damit sie den Klimanotstand ausrufen und junge Menschen an der politischen Diskussion beteiligen. Es wäre uns lieber, wir müssten nicht streiken. Bei uns allen stehen Prüfungen an, wir haben Berge von Stoff zu bewältigen und würden sehr viel lieber im Unterricht sitzen. Doch das Problem Klimawandel ist so drängend, dass es an die Stelle unserer schulischen Verpflichtungen treten muss.

Die Politiker haben versagt und nicht begriffen, dass es sich beim Klimawandel um eine generationenübergreifende Angelegenheit handelt. Weil die meisten Legislaturperioden in einer Demokratie kürzer sind als zehn Jahre, gibt es keinen politischen Willen, das langfristige Problem mit der notwendigen Radikalität anzugehen. Diejenigen, die an der Macht sind, haben die junge Generation vernachlässigt. Der Ausdruck »soziale Amnesie«, den die Naturschützerin Lucy Siegle geprägt hat, hebt hervor, wie kurzsichtig die Vorgehensweise der Politiker ist und welche grausamen Konsequenzen auf zukünftige Generationen zukommen. Also müssen wir an die Öffentlichkeit gehen, um unsere Botschaft zu verbreiten und unsere Forderungen zu stellen. Wir sind häufig kritisiert worden, wir würden uns nicht politisch engagieren. Bei diesem friedlichen zivilen Ungehorsam geht es nun darum, unserer Hingabe an die Umwelt Ausdruck zu verleihen und zu zeigen, dass wir uns für unsere Zukunft einsetzen. Voltaires »Man muss seinen Garten pflegen« passt jetzt nicht mehr, wir brauchen eine grundsätzlich andere Herangehensweise, um den Klimawandel zu stoppen.

Die »National Association of Head Teachers« hat gesagt, dass sie es »nicht billigt«, wenn Schüler die Schule versäumen, und dass Studenten während der Vorlesungszeit in ihre Kurse gehören. Aber es ist nun einmal notwendig, dass die Streiks unter der Woche stattfinden. Mit den Worten von Greta Thunberg: »Wir können diese Krise nicht lösen, ohne sie als Krise zu behandeln.« Die Proteste müssen an einem Freitag stattfinden, darin liegt ihre Symbolkraft. Die weltweite Krise wiegt jetzt schwerer als die Notwendigkeit von Unterricht. Die universelle Bedrohung durch den Klimawandel muss vor der Schule kommen. Auch wenn ich die Bedeutung einer guten schulischen Ausbildung nicht bestreite, so muss ich doch mit Greta Thunberg geltend machen, dass keine Notwendigkeit nach gut ausgebildeten Menschen mehr besteht, um den Planeten zu retten, wenn es keinen Planeten mehr gibt, den man retten könnte. Caroline Lucas, eine Wortführerin der »Green Party«, unterstützt diesen Standpunkt und erklärt, dass die Proteste unter der Woche stattfinden müssen, um zu signalisieren, dass wir nicht weitermachen können wie gewohnt, wenn wir einer so düsteren Zukunft entgegenblicken.

Die Gegenreaktion hochrangiger Amtsträger beruht auf einer kurzsichtigen Auffassung, die kleinen nationalen Problemen eine größere Bedeutung beimisst als dieser Krise, die sich so schädlich auf uns alle auswirkt. Bildungsminister Damian Hinds hat behauptet, die einzige dauerhafte Folge bestehe darin, »den Lehrern zusätzliche Arbeit zu machen«, und Theresa May hielt die Protestaktionen für Zeitverschwendung. Wenn dreißig Jahre Politik verschwendet worden sind, um die Industrie zu stärken, anstatt sie zu beschneiden, halte ich es nicht für zu extrem, einen bewohnbaren Planeten zu fordern. Nachhaltige Entwicklung sollte nicht utopisch sein. Sie ist möglich, und vielleicht ist es unsere Jugend, die uns die Hoffnung gibt, dass wir dieses Ziel erreichen können.

Das Leitbild dieser Schule fordert uns auf, uns »einen Sinn für Umweltbewusstsein« zu eigen zu machen und »Verantwortung gegenüber der internationalen Gemeinschaft« zu entwickeln. Wie kann man diese Prinzipien gutheißen und gleichzeitig eine Teilnahme von Schülern an einem globalen Klimastreik nicht unterstützen? Unsere Pflicht besteht in aktivem staatsbürgerlichem Engagement, und Streiken ist notwendig geworden, um Wandel zu ermöglichen. Diese Schule sollte ihre Schüler unterstützen, wenn sie für einen besseren und zukunftsfähigeren Planeten kämpfen! Mit Initiativen wie dem »Green Committee« bemüht sich die Schule nach Kräften, umweltbewusst zu wirken – wie also können Sie diese weltweiten Streiks nicht unterstützen?

Wegen der Klimastreiks ein, zwei Tage Unterricht zu verpassen, wird auf keinen Schüler negative Auswirkungen haben. Die Schüler dieser Schule, die am letzten Streik teilgenommen haben, haben diese Erfahrung als »stärkend«, »inspirierend« und »einfach unglaublich« beschrieben. Eine solche Erfahrung aus erster Hand bietet für jeden Schüler den Anreiz, politisch aktiver zu werden und die Umwelt mit ganz neuen Augen zu betrachten. Mich hat die Erfahrung wesentlich bewusster für die Folgen meines Handelns gemacht, und viele Mitschüler aus meiner Jahrgangsstufe hat sie angeregt, Vegetarier zu werden. Doch es ist, wie schon gesagt, der Blick über den Tellerrand, der zählt. Ich bitte Sie eindringlich, sich der Wichtigkeit der Veranstaltung vom 15. März bewusst zu werden. Sicherlich wiegt seine Bedeutung schwerer als die Anwesenheitszahlen und behördliche Vorbehalte.

Indem Sie Ihren Schülern das Recht verweigern, an diesen Streiks teilzunehmen, machen Sie sich im Hinblick auf das Leitbild dieser Schule der Doppelmoral schuldig und hindern die Schüler daran, ihre demokratischen Rechte wahrzunehmen. Wenn Sie hingegen Ihre Schüler zur Teilnahme ermutigen, fördern Sie eine wahrhaft internationale Gemeinschaft, die gewissenhafte und vielseitig aufgeschlossene Schüler zur Folge haben wird. Die Zahlen liegen seit Jahren vor, die Neuigkeiten über den Klimawandel sind nicht neu – was allein neu ist, ist das Handeln. Das plötzliche Auftauchen der Jugend auf der politischen Bühne hat das Ziel, unsere Rechte zu stärken und endlich gehört zu werden. Ist es wirklich anmaßend, Erwachsene dazu aufzufordern, sich mit unserer Zukunft ebenso zu befassen wie mit ihrer eigenen?

Ich zweifle nicht daran, dass Sie meine Argumente nachvollziehen können, und so muss ich Sie fragen: Angesichts der großen Menge an Klimadaten, der vielfältigen öffentlichen Unterstützung und der unglaublichen Teilnehmerzahlen – wie können Sie da das Engagement Ihrer Schüler nicht unterstützen? Und wenn Sie es unterstützen, warum können Sie die Absenzen nicht mit »außergewöhnlichen Umständen« rechtfertigen? In seiner Ansprache vor den Vereinten Nationen hat Leonardo DiCaprio gesagt: »Sie werden entweder von zukünftigen Generationen gerühmt oder von ihnen verachtet werden.« Der Klimawandel ist eines der entscheidenden Probleme sowohl meiner als auch Ihrer Generation. Ich werde nicht untätig zusehen, wie unser Planet zerstört wird.

Ich bitte Sie inständig, die richtige Entscheidung zu treffen.

Laura Z. Lock

AGIM MAZREKU

23 Jahre
KOSOVO

Ich bin ein junger Mann und lebe im jüngsten und am stärksten isolierten Land Europas, im Kosovo.

Ich hatte die Idee, unterschiedliche Aktivitäten zu organisieren, durch die junge Leute ihre Kreativität zum Ausdruck bringen könnten. Gemeinsam mit gleichgesinnten Freunden fingen wir an, Fahrten zum Nationalpark Sharr zu organisieren, dem südlichsten Gebirgszug im Kosovo. Bald merkten wir, dass diese Berge wirklich unsere Heimat sind und dass sie auch das Trinkwasser für weite Teile des Landes liefern.

Das Sharr-Gebirge ist das Herzstück meines Engagements für den Umweltschutz. Ich habe in den Bergen Inspiration gefunden, aber ich bin auch zu der Erkenntnis gelangt, dass das gebirgige Ökosystem durch das unrechtmäßige Handeln von Menschen bedroht ist. Der Wunsch nach Gerechtigkeit für meine geliebten Berge wurde zum Hauptgrund, aus dem ich begann, mich für Umweltfragen und den Klimanotstand zu interessieren.

Der Klimawandel betrifft jeden, aber diejenigen, die am stärksten gefährdet sind, trifft er überproportional stark. Meine Freunde und ich wurden während des oder knapp vor dem Kosovokrieg geboren. Äußere Faktoren, politischer und unpolitischer Natur, haben den Kosovo in dieser Zeit zu einem instabilen Ort gemacht. Das Land hat sich noch nicht vollkommen erholt, und der Klimawandel stellt nun noch eine weitere Herausforderung dar. Viele junge Leute meines Alters mussten das Land wegen der hohen Arbeitslosigkeit und der unsicheren Lage verlassen. Dürren, Temperaturanomalien und Überflutungen werden die Arbeitslosigkeit noch erhöhen, denn sie treffen all unsere Wirtschaftsbereiche, die Landwirtschaft, die Industrie und den Dienstleistungssektor.

Ich habe mein Engagement aus vielen verschiedenen Blickwinkeln betrachtet. Mein Motto lautet: Solange ich es schaffe, auch nur den kleinsten Einfluss auf ein Umweltproblem zu nehmen, bin ich voll und ganz dabei. Bisher habe ich mich in den Bereichen erneuerbare Energie und Klimapolitik am stärksten engagiert.

Meine wichtigste Botschaft lautet, dass man die Klimakrise als weltweiten Notfall betrachten muss und dass sofortiges und klares Handeln erforderlich ist. Internationale Verhandlungen über ein Thema wie unser gemeinsames Klima dürfen Orte wie den Kosovo, der sich noch immer von den verheerenden Auswirkungen des Krieges erholt, nicht zurücklassen.

ADRIÁN TÓTH

30 Jahre
BELGIEN

2015 leitete ich auf der Insel Pulau Redang in Malaysia eine Feldstudie über Grüne Meeresschildkröten. Diese Schildkröten hatten Plastik aus dem Meer gefressen, weil sie es fälschlicherweise für Quallen gehalten hatten, eines ihrer Hauptnahrungsmittel. Damals wurde mir klar, dass unsere Ozeane zu einer einzigen Plastiksuppe werden. Heute lebe ich in Belgien, weit weg von den Schildkröten, aber ich will dafür sorgen, dass wir ihren Lebensraum nicht weiter verunreinigen.

Der Place du Luxembourg in Brüssel hat Kultstatus. An ihm liegt das Europäische Parlament, und hier gehen viele Amtsträger und Bürokraten der EU nach der Arbeit noch etwas trinken. Leider werden viele Getränke draußen in Einweg-Plastikbechern serviert. Das Resultat an einem Freitagmorgen sind Dutzende von Abfallsäcken voller Plastikmüll mit mehr als 10 000 Einweg-Plastikbechern – Überbleibsel eines schönen, aber nicht nachhaltigen Abends.

Eine Gruppe von Freunden und ich machten ein Brainstorming und gründeten eine Initiative, um unseren gemeinsamen Frust über die Situation in sinnvolle Bahnen zu lenken. Was als Facebook-Seite begann, die die Leute animierte, ihre eigenen Becher mitzubringen, wuchs sich aus zu einem Pfand-Programm mit Mehrweg-Bechern namens »Plastic Free Plux«.

Seit der Einführung von Mehrweg-Bechern in der zweiten Julihälfte 2018 wurden jeden Donnerstagabend etwa einhundert Mehrweg-Kelchgläser verliehen, für einen Euro Pfand. Für das Team von »Plux« war das aber nur der Anfang. Seither arbeiten wir an einer dauerhaften Lösung, gemeinsam mit den Barbesitzern, den Herstellern von Mehrweg-Bechern und verschiedenen Brauereien, die die Bars beliefern.

Im Februar 2019 entschied sich das Café Luxembourg, den Sprung zu wagen und die Mehrweg-Becher in ihren Räumlichkeiten vorzustellen. Die anfängliche Testphase, während der die Becher für ein Pfandgeld von einem Euro verliehen wurden, verlief erfolgreich. Auch die Reaktion der Öffentlichkeit war sehr positiv, sodass drei weitere Bars sich unserem System anschlossen. Jetzt arbeiten wir daran, die restlichen Bars davon zu überzeugen, auch mitzumachen. Wir wollen dieses Modell letztlich in der ganzen Stadt zum Laufen bringen. Ohne unsere Kampagne wären inzwischen mehr als 70 000 Einweg-Plastikbecher auf Müllkippen gelandet oder verbrannt worden.

Wenn du die richtige Einstellung hast, wird sich der Rest von selbst ergeben.

Wir können alle etwas gegen den Klimanotstand tun, indem wir anfangen, angesichts des Ausmaßes und der Dringlichkeit des Problems umzudenken und unser Verhalten entsprechend zu ändern – bei uns zu Hause, in der Nachbarschaft, in Gemeinden, Städten … Ich bin wirklich der Meinung, dass die notwendige Veränderung im nachhaltigen Denken von den Graswurzel-Bewegungen ausgehen wird – und zwar vor allem dadurch, dass Projekte und Lösungsansätze, die dazu beitragen, den Klimawandel abzumildern oder Anpassungsmaßnahmen vorzunehmen, in den Mittelpunkt der Aufmerksamkeit gerückt werden. Sobald das erst einmal geschehen ist, wird die systemische Umwandlung ganz von allein erfolgen.

Ich hoffe, dass ich 2045 zurückblicken und sagen kann, dass wir die Klimakrise gelöst haben, indem wir rasch und gemeinsam gehandelt und niemanden zurückgelassen haben.

Plastik trägt in jedem Stadium seines Lebenszyklus zu Treibhausgasemissionen bei – vom Moment seiner Herstellung an bis zu dem Augenblick, in dem es entsorgt wird. Im Jahr 2050 wird Plastik für bis zu 13 Prozent des CO_2-Budgets, also des gesamten, seit Beginn der Industrialisierung freigesetzten CO_2, verantwortlich sein.

AFRIKA

KONTINENT: AFRIKA

BEVÖLKERUNG: 1,2 MILLIARDEN

DIE GRÖSSTEN KLIMATISCHEN HERAUSFORDERUNGEN:

- **Wassermangel** – Neben dem Mittleren Osten ist Nordafrika die am stärksten von Wassermangel betroffene Region der Welt. Im Tschadseebecken zum Beispiel, das Teile von Nigeria, Niger, Tschad und Kamerun umfasst, diente der namensgebende See 20 bis 30 Millionen Menschen als Wasserquelle. Doch seit den 1960er-Jahren ist er aufgrund des Klimawandels, der wachsenden Bevölkerungszahlen und ungeplanter Bodenbewässerung um 90 Prozent geschrumpft. Bei einem Temperaturanstieg von 2 Grad Celsius werden weitere Dürren vorausgesagt, und die Niederschläge könnten um 20 Prozent abnehmen.

- **Küstenerosion** – Sich verändernde Niederschlagsmuster und steigende Meeresspiegel beschleunigen die Küstenerosion in West- und Ostafrika. Besonders hoch sind die Erosionsraten in Benin mit einem durchschnittlichen Verlust von vier Metern pro Jahr an 65 Prozent der Landesküste.

- **Armut** – Über die Hälfte der ärmsten Menschen der Welt leben in Afrika. Die Länder sind zu arm, als dass sie sich an die steigenden Meeresspiegel und die Hitzewellen anpassen könnten. Dazu kommen ein Mangel an Nahrungsmitteln und Wasser, obwohl sie den geringsten Ausstoß an CO_2 dazu beigetragen hat.

- **Extreme Wetterereignisse** – Dürren und Stürme werden sehr viel häufiger, ebenso Erdrutsche. Im Jahr 2019 wurden auf dem afrikanischen Kontinent 56 extreme Wetterereignisse aufgezeichnet, im Vergleich dazu: 2018 waren es 45.

KALUKI PAUL MUTUKU

27 Jahre
KENIA

Der Klimawandel hat dazu geführt, dass ich darüber nachdenke, wie sich Afrika in Zukunft ernähren kann. Man muss damit rechnen, dass die afrikanischen Länder südlich der Sahara noch trockener werden und Süßwasser ein Grund für Kriege werden könnte.

Deswegen habe ich »Green Treasures Farms« ins Leben gerufen, eine Initiative, die im ländlichen Kenia mit Frauen und jungen Menschen zusammenarbeitet und ihnen Wissen vermittelt: über biologische Landwirtschaft, das Auffangen von Regenwasser und darüber, wie man durch das Pflanzen von Bäumen zum besseren Erhalt der Umwelt beitragen kann.

Das tue ich, weil es dem Klimawandel egal ist, ob ich auf ihn vorbereitet bin oder nicht. Aber ich weiß, dass er schlimmer werden wird, also muss ich mich fortwährend mit ihm befassen und gemeinsam mit meinem Ort verschiedene Methoden ausprobieren, um mich ihm entgegenzusetzen, mich an ihn anzupassen.

Es besteht kein Zweifel, dass Afrika, der Kontinent, der am wenigsten zur Klimakrise beigetragen hat, am schlimmsten unter seinen Auswirkungen leidet. Kenia bildet da keine Ausnahme. Wir haben extreme Dürrezeiten, Hungersnöte und sogar verspätete Regenzeiten erlebt. In großen Wäldern, die den überwiegenden Teil der Biodiversität des Landes beherbergen, sind Brände ausgebrochen. Kürzlich erst ist Nairobi, die Stadt, in der ich lebe, von schweren Überschwemmungen getroffen worden. In den Fluten sind Menschen umgekommen, Gebäude sind eingestürzt und Lebensgrundlagen verloren gegangen.

Ich habe miterlebt, wie sich eine schöne Landschaft in hässliches und kahles Ödland verwandeln kann. Ich habe gesehen, wie tosende Flüsse und prächtige Wasserfälle innerhalb weniger Jahre verschwinden können. Die Zukunft wünsche ich mir anders – schöner und besser.

Ich setze mich dafür ein, dass junge Menschen, die einheimische Bevölkerung und marginalisierte Gemeinschaften, die den Klimawandel unmittelbar erleben, eingebunden werden, um gemeinsam Lösungen für die Klimafrage zu entwickeln und sie umzusetzen – gute Lösungen, die auf der Natur selbst basieren und sich mit genau dieser Umwelt auseinandersetzen, die diese Gruppen aus erster Hand kennen. Und doch werden diese Menschen so häufig ignoriert oder von der politischen Führung verächtlich behandelt. Mit unserer Umweltschutzorganisation »350.org Kenya« arbeiten wir zudem darauf hin, in Kenia einen Übergang zu 100 Prozent erneuerbarer Energie hinzubekommen.

Es ist in Ordnung, wenn man sich Sorgen macht – wir sollten uns alle Sorgen machen. Aber sich nur Sorgen zu machen reicht nicht. Wir müssen handeln, und zwar schnell. Die Uhr tickt, und uns läuft die Zeit davon. Die Länder der Welt müssen jede Anstrengung unternehmen, um die Folgen des Klimawandels zu bekämpfen. Es ist ein Krieg, den wir gewinnen können. Die jungen Menschen müssen überall als immense Bereicherung gesehen werden, um Innovationen anzustoßen und kreative Lösungen für unsere gemeinsame Zukunft zu finden.

Mein kleiner Beitrag für die Sache besteht darin, der Natur eine Stimme zu leihen. Ich trete für die Natur ein, für Biodiversität, für einen Planeten, auf dem wir leben können. Wir müssen alle unsere kleinen Beiträge leisten, denn diese kleinen Beiträge werden zu großen Ergebnissen führen.

Meine Mutter, die mich allein aufgezogen hat, hat meine Träume und mein Engagement immer unterstützt. Sie hält wie ich viel von den Ergebnissen der Klimaforschung und wünscht sich eine Veränderung, die gut für die Menschen, die Natur und den Planeten ist. Oft sagt sie mir, wie stolz sie ist, dass ich in dieser Sache vorangehe und für die Umwelt kämpfe.

Die jungen Menschen wissen, dass die Staatschefs der Welt uns angelogen haben.

Einige aus der politischen Führung sorgen dafür, die Vorurteile über Aktivismus lebendig zu erhalten: Er sei etwas für faule, arbeitslose und chaotische Menschen. Noch schlimmer ist es, wenn man ein Jugendaktivist aus Afrika ist – uns nimmt keiner ernst. Ich habe an der Universität Naturressourcenmanagement studiert, und selbst das reicht nicht aus.

Auch die Medien tragen eine Mitschuld. Wir sind oft als chaotische Leute dargestellt worden, und das festigt die herrschenden Vorurteile. Insbesondere westliche Medien halten afrikanische Jugendaktivisten für nicht mitreißend genug, als dass sie der Welt ihre Geschichten erzählen würden. Doch Jugendaktivisten aus Entwicklungsländern verdienen es, dass man sie anhört, und ihre Anstrengungen haben es verdient, dass man sie anerkennt.

Wir können dem Thema Politik nicht aus dem Weg gehen. Ohne das Wohlwollen der Politik können wir nicht viel ausrichten. Während ich mich also für den Umweltschutz in Kenia engagiere, wünschte ich, ich könnte die politische Klasse verändern und diejenigen, die dem Volk Rechenschaft schuldig sind, dazu bringen, sich zu beteiligen und den Kampf gegen den Klimawandel anzuführen.

NCHE TALA AGHANWI

25 Jahre
KAMERUN/USA

Unser Planet verändert sich vor unseren Augen. Es wäre so tröstlich, wenn diese Veränderungen sich positiv auf die Biodiversität auswirken würden. Leider ist das nicht der Fall.

Der Klimawandel ist für Kameruns Landwirtschaft fraglos ein großes Problem. Die Klimakrise hat Weidetiere dazu gezwungen, weit weg von ihrem üblichen Weideland umherzustreifen bis in Gebiete, wo Ackerbauern darum kämpfen, sich den unberechenbaren Wettermustern anzupassen. Das Ergebnis sind Konflikte zwischen Landwirten und Viehzüchtern und zwischen den verschiedenen Stämmen. Diese Probleme werden durch den Bürgerkrieg zwischen den englisch- und den französischsprachigen Regionen noch verschärft. Wenn junge Männer und Frauen fürchterlicher Gewalt ausgesetzt sind, Farmen zerstört und ganze Dörfer niedergebrannt werden, bleibt das Thema Klimawandel zweitrangig. Wenn in Kamerun nicht bald wieder Frieden herrscht, werden wir versagen und uns nicht für Lösungen der Klimafragen einsetzen können.

Wenn ich eine Sache in Kamerun ändern könnte, wäre es das derzeitige Regime, das es seit siebenunddreißig Jahren nicht geschafft hat, konkrete Maßnahmen in die Tat umzusetzen, um die Probleme Armut, Klimawandel und Respekt vor den Menschenrechten endlich anzugehen.

* * *

Ich habe mich wie üblich über WhatsApp mit einer guten Freundin aus Äthiopien unterhalten. Nachdem wir über Alltägliches gesprochen hatten, fragte sie mich nach meiner Arbeit als globaler Klima-Aktivist und sagte: »Ich will eine ehrliche Antwort von dir. Machst du das alles, weil du dir wirklich Sorgen um unsere Zukunft und unseren Planeten machst – oder machst du das nur, damit du auf dem richtigen Kurs bist, um Karriere zu machen?«

Für den Bruchteil einer Sekunde schwieg ich schockiert. Es war natürlich nicht so, als hätte ich diese Frage noch nie zuvor gestellt bekommen – aber ich war schockiert, weil die Leute die Arbeit von Klima-Aktivisten nach wie vor als eine profitable Chance oder einfach als einen Weg sehen, um Karriere zu machen. Das ist Beweis genug, dass die meisten Menschen blind sind gegenüber der Realität des Klimawandels und seiner verheerenden Auswirkungen.

Es steht sehr viel auf dem Spiel. Unser unmittelbarer Lebensraum, wie wir ihn kennen, ist gefährdet. Die Umwelt läuft Gefahr sich so zu verändern, dass wir sie nicht mehr wiedererkennen, und unsere Biodiversität droht verloren zu gehen. Einige unverwechselbare Tierarten sind bereits verschwunden, und den Wissenschaftlern ist klar, dass noch weitere verschwinden werden. Der vollständige Bericht der Vereinten Nationen über den Zustand der Biodiversität zeichnet ein schonungsloses Bild.

Unsere Ignoranz und die Weigerung, die Ergebnisse der Klimaforschung zu akzeptieren, hat das Problem noch weiter verschlimmert. Was die Wissenschaft über den Klimawandel sagt, ist seit vielen Jahren klar: Unser Planet erwärmt sich, und es ist unsere Schuld. Die Wissenschaft hat die Dringlichkeit in Zahlen ausgedrückt und uns eine Frist genannt, nach deren Ablauf die Veränderungen irreversibel werden.

All das ist furchterregend, wenn man es durchdenkt, aber die Wissenschaft hat sich nie darauf beschränkt, uns ein Weltuntergangsszenario unserer Handlungen vorzulegen. Sie hat uns Hoffnung vermittelt und Wege aufgezeigt, wie wir die Klimakrise aufhalten können.

Aus diesem Grund bin ich Aktivist geworden und habe das »Africa Science Diplomacy and Policy Network« gegründet. Wir haben nicht mal ein Jahr gebraucht, um ein starkes, engagiertes und vielfältiges Team von 700 jungen Klima-Aktivisten, verteilt über ganz Afrika, zusammenzustellen. Ich habe die Mitglieder meines Teams durch die Welt geführt und gehe die Sache von unten nach oben an, um dem globalen Klimanotstand entgegenzutreten. Ich dränge darauf, dass politisches Handeln mit Fakten verknüpft wird, habe verschiedene Workshops über Klimawandel und Umweltverträglichkeit organisiert, Klimaspaziergänge geleitet und an Klimastreiks teilgenommen.

In enger Zusammenarbeit hat mein Team sich Lösungsmöglichkeiten auf natürlicher Grundlage angeeignet – eine der effektiven Arten, um die Klima- und Umweltkrise zu bewältigen. Seit meine Organisation im Juli 2018 an den Start gegangen ist, haben wir zum Beispiel schon mehr als tausend Bäume gepflanzt. Mithilfe von örtlichen Radioprogrammen konnten wir Tausende Menschen erreichen.

Die Zeit läuft, aber du kannst etwas bewirken.

SEBENELE RODNEY CARVAL

30 Jahre
ESWATINI

Ich komme aus einem Land, das sehr anfällig für die Folgen des Klimawandels ist und deshalb dringend handeln und dem etwas entgegensetzen muss.

Wir erleben in unserem Land bereits höhere Temperaturen als normalerweise. Das beeinträchtigt meine Gesundheit: Die hohen Temperaturen führen zu Schwindelgefühlen und Kopfschmerzen. Ich brauche jetzt eine Klimaanlage, früher habe ich so etwas nie benötigt. Auch Schulkinder sind von den Hitzewellen betroffen, manche werden ohnmächtig.

Wir leiden auch unter Wassermangel, und es können Tage vergehen, ohne dass wir vom Versorger Wasser bekommen. Auch Stürme sind häufiger geworden, und sie haben mein Haus, meinen Wagen und meinen Garten beschädigt.

Die Armut in Eswatini ist hoch, und der Klimawandel hat die Situation noch verschlimmert. Die meisten Emaswati, wie die Einwohner des Landes genannt werden, leben in ländlichen Gegenden, wo sie Landwirtschaft zur Selbstversorgung betreiben, die sehr stark vom Regen abhängig ist.

Das Vieh, das sie züchten, ist wegen der häufigen Trockenheiten gestorben. Das Land hat viel Geld verloren, weil es für die betroffenen Menschen staatliche Unterstützung in Form von Nahrungsmitteln beschaffen muss.

Wenn ich an die ohne eigenes Verschulden vom Klimawandel bedrohten Einwohner von Eswatini denke, bringt mich das dazu, hart zu arbeiten. Ich bin Projektkoordinator im Bereich Klimafinanzierung und helfe den betroffenen Menschen, sich an die negativen Folgen des Klimawandels anzupassen. Ich würde gern mehr Investitionen in CO_2-arme und klimaresiliente Projekte in diesem Land sehen. Und ich wünsche mir, dass die entsprechenden Rahmenbedingungen geschaffen werden, um auch für Investitionen aus dem privaten Bereich attraktiv zu sein.

Aber wenn man jung ist, ist es schwer, sich bei den Entscheidungsträgern Gehör zu verschaffen. Junge Leute haben keine Plattform, über die sie sich an die Führung des Landes wenden könnten. Wir brauchen Hilfe von den Industriestaaten, damit wir uns wirkungsvoll an die Folgen des Klimawandels anpassen können – Hilfe in Form von Technologie, Wissen und natürlich Geld.

Jeder von uns muss eine Rolle spielen. Such dir deine aus.

Wer muss den Preis für den Klimawandel zahlen? Sind es die gefährdeten Menschen mit ihren begrenzten Fähigkeiten zur Anpassung – oder sollte es die industrialisierte Welt sein, die mit ihrem Schadstoffausstoß diese Klimaveränderung überhaupt erst verursacht hat, während sie die Wirtschaftskraft ihrer eigenen Länder verbessert hat?

Der Klimawandel schreitet voran, und wir müssen schnell handeln. Und wenn wir zusammenarbeiten, können wir unsere Klimaziele erreichen.

JEREMY RAGUAIN

26 Jahre
SEYCHELLEN

Beim Thema Klimaschutz sind mir vor allem drei Dinge besonders wichtig:

Erstens bin ich der Meinung, dass eine Menge getan werden muss, um die Ungerechtigkeit der Klimakrise herauszustellen, für die Länder wie die Seychellen die geringste Verantwortung tragen und von der diese Länder doch gleichzeitig am stärksten betroffen sind. Ich gebe mein Bestes, um für die Position der Seychellen einzutreten, die Teil der Allianz der kleinen Insel-Entwicklungsländer sind. Dieser Allianz geht es vor allem darum, Ziele zu formulieren und zu betonen, wie wichtig es ist, Finanzmittel für die Anpassung ans Klima bereitzustellen. Die Klimakrise verletzt die Menschenrechte von Menschen wie mir: junge afrikanische Inselbewohner aus Küstengebieten, die ihre Heimat verlieren, wenn alles so weitergeht wie bisher.

Zweitens spreche ich direkt mit Politikern und politischen Entscheidungsträgern der Seychellen, um die Suche nach Öl oder Erdgas sowie deren Förderung in der ausschließlichen

Wirtschaftszone der Seychellen zu stoppen – und zwar in Form eines Moratoriums, wie Costa Rica und Irland es getan haben. Nach Öl oder Gas zu bohren ist so, als würde man ein Loch in sein Boot bohren, wenn man mitten auf dem Meer ist.

Drittens arbeite ich darauf hin, dass Alt und Jung das Wort »Anthropozän« – die Vorstellung von einer Epoche, die vom Menschen geprägt ist – besser verstehen und dass dieses Wort auch verwendet wird. Es besteht die Wahrscheinlichkeit, dass die Verschmutzung durch Plastik uns von unserem dringenden Kampf gegen den Klimawandel ablenkt. Aber letztlich sehe ich die Dynamik hinter dem Bestreben, das Problem der Verschmutzung durch Plastik anzugehen, positiv. Wir suchen Zuflucht bei Natur- und Umweltschutz. Wenn ich in diesem Fall das Konzept des Anthropozän verwende, kann ich die Verschmutzung durch Plastik betonen – als das sichtbarste und leicht nachzuvollziehende Symptom unserer Konsumgesellschaft – und gleichzeitig den Blick der Menschen darauf lenken, welche weiteren Auswirkungen das Handeln der Menschen auf unseren Planeten hat.

Und zu guter Letzt arbeite ich auch mit Graswurzel- und Jugendbewegungen zusammen, um Menschen zu schulen und ihnen Ressourcen zur Verfügung zu stellen. So können die Leute ihre Ansichten vertreten und gleichzeitig handeln.

* * *

Ich bin auf einer Farm auf den Seychellen groß geworden und habe schon immer eine enge Bindung zu Pflanzen und Tieren verspürt. Ich bin sehr gern draußen und liebe es, wenn ich schnorcheln und fischen kann.

Derzeit erleben die Seychellen extreme Wetterbedingungen, die meine Arbeit beeinträchtigen. Ich koordiniere das »Aldabra Clean Up Project«, das auf einer fünfwöchigen Expedition mehr als 25 Tonnen Plastikmüll aus dem Meer gefischt hat. Freunde und Kollegen, die bei »Aldabra« arbeiten, sind häufigeren und stärkeren Stürmen ausgesetzt. Dadurch verspäten sich auch Versorgungsflüge, und Menschenleben sind in Gefahr. Gleichzeitig erleben wir auf den Hauptinseln, auf denen die meisten Seychellois, so auch ich, leben, immer wieder Fluten. Der immer weiter steigende Meeresspiegel verschlimmert diese Fluten derart, dass ganze Straßen unpassierbar werden. Extreme Wetterereignisse können Schäden an Häusern und an der Infrastruktur anrichten.

Die Seychellen werden möglicherweise innerhalb der nächsten Jahrzehnte unbewohnbar werden – nicht nur weil der Meeresspiegel weiter steigt und extreme Wetterereignisse häufiger und stärker werden, sondern auch weil die Übersäuerung und die steigende Temperatur der Ozeane die Korallen und Fische töten werden, die für unsere Wirtschaft lebensnotwendig sind. Die Korallenbleiche hat bereits begonnen. Sowohl die kleinen Fischer als auch die industrielle Fischerei werden auf drastische Weise betroffen sein. Letztere macht 80 Prozent unserer Exporte aus. Wenn wir morgen aufhören würden, Thunfisch zu exportieren, weil wir ihn nicht mehr in unseren Gewässern fangen und nicht mehr in unserem Hafen verschiffen könnten, würde sich der Weltpreis verdoppeln. Gleichzeitig würde das das Leben auf den Seychellen für die meisten Menschen unmöglich machen, auch für mich.

Ich würde gern eine Familie gründen und komme zu dem Schluss, dass ich das nicht kann. Ich will nicht, dass meine Kinder in einer Welt aufwachsen, in der die Ozeane tot und leer sind. In der man nicht draußen spielen kann, weil es gefährlich ist, und in der Nahrung und andere Dinge, die wir als selbstverständlich betrachtet haben, nicht mehr einfach so verfügbar sind. Ich habe Angst, dass ich staatenlos werden könnte, keine Kinder bekommen und daher meine Identität, meine Kultur und meine Lebensart nicht weitergeben könnte. Wenn dem Klimawandel nicht Einhalt geboten wird, werden die Seychellen irgendwann nur noch eine Ruine dessen sein, was sie einst gewesen sind.

Lasst die Nachrichten nicht einfach über euch ergehen. Tut etwas, um euch selbst zu retten.

LESEIN MATHENGE MUTUNKEI

16 Jahre

KENIA

Ich wurde zum ersten Mal für die Umwelt aktiv, als ich dreizehn war und einen Artikel darüber las, wie Menschen Bäume fällen und die Wälder in erschreckendem Ausmaß zerstören. In diesem Artikel hieß es, Kenia verliere jeden Tag Waldgebiete so groß wie sechs Fußballfelder. Es wurde erklärt, wie der Verlust von Bäumen den Klimawandel verschlimmert, weil der Wasserkreislauf gestört wird, was zu mehr Dürren und Überflutungen führt.

Es erschütterte mich, dass so viele junge Menschen nichts über diese gravierenden Folgen des Klimawandels wissen, wo wir doch diejenigen sind, die am meisten darunter leiden werden. Das hat mich sehr traurig gemacht. Außerdem frage ich mich, warum die Leute unsere Wälder und unsere Umwelt zerstören, wenn sie doch wissen, wie sehr uns das allen schadet.

Da habe ich beschlossen, dass ich etwas tun muss, um unsere Umwelt zu schützen, egal, wie klein mein Beitrag ist. Mir wurde klar, dass ich mehr über den Klimawandel erfahren musste, in der Schule lernen wir darüber nichts. Weil ich ein begeisterter Fußballspieler bin, fiel mir eine kreative und zugleich motivationsfördernde Art ein, wie ich mehr Tore schießen und gleichzeitig der Umwelt helfen könnte. Ich nannte meine Idee »Trees for Goals« und verpflichtete mich dazu, für jedes Tor, das ich schieße, einen Baum zu pflanzen.

Ich habe meiner Mannschaft im Fußballverein die Idee »Trees for Goals« vorgestellt und erzählte meinen Teamkollegen vom Klimawandel und davon, wie nötig es ist, dass wir jungen Menschen handeln müssen. Dabei stellte ich fest, dass viele von ihnen noch nie einen Baum gepflanzt hatten, und so fragte ich, ob sie sich alle beteiligen wollten.Sie waren gleich dabei und wollten ebenfalls mehr Tore schießen und damit auch mehr Bäume pflanzen.

Als ich ihnen erzählte, dass ich an einem Tag 600 Bäume pflanzen wollte, lachten meine Freunde und hielten das für unmöglich. Als der Tag da war, war ich ein bisschen nervös und hatte die Befürchtung, sie würden vielleicht nicht kommen. Aber sie kamen alle, einige sogar mit Eltern, Geschwistern und Freunden – und obwohl es am Morgen nieselte, waren alle bereit, sich an die Arbeit zu machen. Ein Naturschützer erklärte uns, wo es nötig wäre, einheimische Bäume zu pflanzen, und zeigte uns, wie man einen Baum richtig pflanzt. Zum Schluss hatten wir alle 600 Bäume in einer einzigen Stunde gepflanzt, und ich war unglaublich glücklich, als ich sah, wie meine Freunde ihren Bäumen Namen gaben und sich so stark mit der Umwelt auseinandersetzten.

Heute gehe ich in Schulen und Sportvereine, spreche dort über die Umwelt und ermuntere die anderen, ihre eigenen Umweltprojekte zu starten.

Für einen jugendlichen Aktivisten ist eine der größten Herausforderungen das Problem, wie man an genaue, wahrheitsgetreue, aktuelle und gut verständliche Informationen über den Klimawandel kommt. Und an Informationen darüber, was wir als Privatleute und junge Menschen tun können, um die negativen Folgen des Klimawandels abzuwehren. Als Schüler kann es außerdem ganz schön herausfordernd sein, Hausaufgaben, Fußballtraining, Freunde und mein Projekt »Trees for Goals« unter einen Hut zu kriegen.

* * *

Mein Land ist von der Störung der Regenzeit schwer betroffen. Wenn ich früher meine Großeltern auf dem Land besucht habe, war ich am liebsten am Fluss, der in der Nähe ihres Hauses vorbeifließt. Wenn wir meine Großeltern heute besuchen, stellen wir ganz häufig fest, dass das Flussbett trocken ist. Meine Großmutter hat mir erzählt, dass das die Ernten in der Gegend beeinträchtigt hat. Landwirte, die den Regen für ihre Felder brauchen, haben nun zu kämpfen, und viele Kenianer hungern.

Wir bekommen zu Hause an weniger Tagen in der Woche Wasser als zuvor. Meine Mutter hat uns erklärt, dass der Grundwasserspiegel gefallen ist und die Stadt angefangen hat, das Wasser zu rationieren. Manchmal sind wir drei oder vier Tage pro Woche ohne Wasserversorgung. In Zukunft wird es durch den Klimawandel noch weniger Wasser geben, unsere Wasserhähne werden trocken bleiben, und das Wasser, das es zu kaufen gibt, wird noch teurer. Die Regierung wird sich gezwungen sehen, das Wasser für die Menschen weiter zu rationieren, wie es in Kapstadt in Südafrika passiert ist. Das kann zu Streitigkeiten zwischen Nachbarn führen, denn ohne Wasser können wir nicht leben, und die Leute werden um ihr Leben kämpfen.

Wenn es dann regnet, ist der Regen so heftig, dass der Fluss in der Nähe meiner Schule über die Ufer tritt, sodass wir nicht reinkönnen. Außerdem tragen die Fluten umweltschädliche Abfälle aus dem Flussbett mit sich. Sie beeinträchtigen die Ernten und führen zu Schlammlawinen, die schon Dörfer zerstört und viele Kinder und Erwachsene getötet haben. Unsere Generation wird es noch härter treffen, wenn keine Maßnahmen zum Klimaschutz ergriffen werden – Aufgeben kommt also nicht infrage.

Seit ich »Trees for Goals« ins Leben gerufen habe, habe ich unglaublich viel über den Klimawandel und die aktuelle globale Krise gelernt. Ich habe auch erkannt, dass sehr viele meiner Freunde und andere junge Leute bereit sind zuzuhören, um zu erfahren, was passiert und was sie tun können. Und was am allerbesten ist: Sie haben begriffen, dass sie nicht erst warten müssen, bis sie erwachsen sind.

Twende kazi – machen wir uns an die Arbeit!

Mein größtes Vorbild ist die verstorbene Professorin Wangari Maathai, die 2004 den Friedensnobelpreis bekommen hat. Diese Frau war eine Wegbereiterin, eine Kämpferin und eine echte Tochter dieser Erde. Ich nenne sie immer »meine Umwelt-Mutter«.

Kaluki Paul Mutuku, 27 Jahre, Kenia

Mein Vorbild ist meine Mutter, Elizabeth Sadler. Sie hat mich gelehrt, wie wichtig es ist, für sich selbst und für die Dinge, an die man glaubt, einzustehen. Als alleinerziehende Mutter von zwei Kindern, als Künstlerin und Überlebende einer Ehe voller Gewalt hat sie mir gezeigt, was durch harte Arbeit und Entschlossenheit möglich ist.

Jeremy Raguain, 26 Jahre, Seychellen

VORBILDER?

Meine Eltern, Samantha Pearce und Mark Sampson.
Meine Klima-Aktivisten-Freunde, die ich mit der Zeit bewundern
und lieben gelernt habe. Die international bekannten Aktivisten,
die pausenlos für Veränderungen arbeiten. All diese Menschen sind
für mich das Licht am Ende des Tunnels, wenn ich Licht brauche. Sie
sind die Menschen, an die ich mich wende, wenn ich Hoffnung dringend nötig habe. Sie haben mich inspiriert, weiterhin für
Klimagerechtigkeit zu kämpfen.

Ruby Sampson, 14 Jahre, Südafrika

TOIWIYA HASSANE

21 Jahre
KOMOREN

Ich komme aus einem kleinen Inselstaat, der auch ein Biodiversitäts-Hotspot ist. Wir haben hier keine Industrie. Was
die Umweltsituation in diesem Land verschlimmert, sind in
der Hauptsache die schlechte Abfallwirtschaft, die Abholzung und die Wasserverschmutzung. Ich setze mich für den
Schutz des Waldes und für eine verbesserte Abfallwirtschaft
ein.

Ich habe Biowissenschaften studiert, deswegen bin ich mir
darüber im Klaren, welch große Bedeutung die Biodiversität
auf den Komoren hat. Durch das Studium ist mir auch klar
geworden, wie wichtig der Erhalt der Arten ist, um das Ökosystem zu stabilisieren.

Auf den Komoren ist der Kampf gegen den Klimawandel
eine schwierige Aufgabe, weil die Menschen sich der Risiken im Zusammenhang mit dem Klima noch nicht bewusst
sind. Leider gibt es immer noch Komorer, die fest davon überzeugt sind, dass der Wald viel zu dicht ist und dass es notwendig wäre, ihn auszudünnen. Es ist offensichtlich: Unser vor-

dringlichstes Problem besteht darin, dass wir uns der Gefahr nicht bewusst sind. Der erste Schritt, den wir unternehmen müssen, ist also, das öffentliche Bewusstsein für Klimaprobleme zu schärfen.

Dabei sind die Komoren bereits vom Klimawandel betroffen. Die Jahreszeiten sind außer Kontrolle geraten, Arten verschwinden und der Meeresspiegel beginnt zu steigen. Und dieses Problem, dem die kleinen Inselkommunen gegenüberstehen, wird sich wahrscheinlich noch verschlimmern.

Wenn ich in meinem Land eine Sache ändern könnte, wären es die Prioritäten unserer politischen Führung. Wir verfügen über die Mittel, gegen die Krise zu kämpfen, und doch verlieren wir diesen Kampf. Es ist, als hätte unser Haus Feuer gefangen – und wir wären damit beschäftigt, Kanister mit Wasser zu füllen, um vorzusorgen.

* * *

Die größte Schwierigkeit, der ich als Klima-Aktivistin begegnet bin, ist Zynismus. Oft werde ich mit Fragen konfrontiert wie: »Was weißt du denn schon, wie die Zukunft aussehen wird!«, »Hältst du dich etwa für Gott?« oder »Woher wissen wir, dass das nicht einfach nur ein Trick von dir ist, um an unser Geld zu kommen?«

Ich glaube, das liegt daran, dass der Klimawandel im Laufe der Jahre politisiert worden ist. Es ist an der Zeit, neue Wege zu finden, um die Krise aufzuhalten, die jeden Tag schlimmer wird. Es ist an der Zeit, einen Weg zu finden, wie wir den vielen Schäden entgegenwirken können, die die Industrialisierung angerichtet hat. Gleichzeitig müssen wir sicherstellen, dass wir das in einem Tempo tun, das nicht zu öffentlichen Unruhen führt. Wir müssen Neuerungen einführen, und ich bin der Meinung, es sind die jungen Menschen, die in der Lage sind, innovative Lösungen zu liefern. Denn sie sind motiviert genug, um bei der Suche nach neuen Möglichkeiten durchzuhalten. Sie sind stark genug, um den Risiken standzuhalten, die eine solche Suche mit sich bringt. Und sie sind naiv genug, um an ihren Erfolg zu glauben. Denn manchmal brauchen wir einfach nur die Überzeugung, dass wir und die Welt eng miteinander verbunden sind, um alle Möglichkeiten in Betracht zu ziehen. Andernfalls lassen wir uns von den viel zu vielen Wenn und Aber davon abhalten, mit zukunftsfähigen Ergebnissen aufzuwarten.

> Die Komoren liegen etwa 300 Kilometer vor der Südostküste Afrikas und bestehen aus drei Inseln. Der steigende Meeresspiegel stellt eine immense Gefahr für die Inseln dar. Die gesamte Bevölkerung lebt keine zehn Kilometer von der Küste entfernt.

KOKU KLUTSE

28 Jahre
TOGO

Nach dem Studium der Agrarökonomie habe ich angefangen, als Landwirt zu arbeiten. Meine Farm liegt in einem Dorf, 85 Kilometer von Lomé entfernt, der Hauptstadt von Togo. Ich liebe das Land und die Umgebung dort sehr. Auf meinem 2,5 Hektar großen Grundstück baue ich Tomaten, grüne Paprika und Auberginen an. Alles lief gut – bis zum Oktober 2014.

Die Feldfrüchte für die Nebensaison standen schon in voller Blüte, als im November 2014 die gesamte Region eine volle Woche von schweren Regenfällen heimgesucht wurde. Sie überfluteten sämtliche Anbauflächen und machten meine Investitionen zunichte. Jetzt war ich hoch verschuldet, aber das Schicksal der benachbarten Erzeuger, die den gleichen Schlag erlitten hatten, machte mir noch mehr Sorgen. Seitdem habe ich es mir zur Aufgabe gemacht, etwas zu tun, um sicherzustellen, dass die Landwirte in Zukunft von solchen Überflutungen sicher sind.

Im südlichen Teil von Togo sind alle Wälder abgeholzt worden, um Holzkohle herzustellen. Man findet diese Holzkohle in über 95 Prozent aller Haushalte in Lomé und anderen Städten des Landes, denn sie ist das wichtigste Brennmaterial für die togolesischen Küchen, sie wird überall verwendet. Die Zerstörung von Flora und Fauna ist eine der Hauptursachen dafür, dass die Regenfälle in der gesamten westafrikanischen Teilregion aus dem Gleichgewicht geraten sind. Dagegen musste etwas unternommen werden.

Ich forschte, was es an anderen Brennmaterialien gab, um Holzkohle zu ersetzen, und stellte fest, dass Butangas relativ leicht zugänglich ist. Wenn man den Menschen das klarmachte, wäre ein kompletter Verzicht auf Holzkohle Schritt für Schritt machbar. Dann könnten Teile unserer Wälder geschützt werden, statt sie für die Produktion von Holzkohle zu opfern. Togo war eines der wenigen Länder in Afrika, das keine Füllstationen für Butangasflaschen hatte; nicht einmal eine einzelne Station, an der die Menschen ihr Gas hätten beziehen können.

Ich verkaufte mein Fahrrad, mein einziges Transportmittel, und gründete mit dem Geld die »Jony-Group«. In nicht mal fünf Jahren haben wir es geschafft, ungefähr 200 000 Haushalte in und um Lomé mit mehr als 1,5 Millionen Tonnen Butangas zu versorgen. Die Firma beschäftigt derzeit zweiundvierzig Leute, weitere siebzig Menschen arbeiten ihr zu. Durch ihre Werbung hat die »Jony Group« Millionen Menschen mit der Botschaft vom Umweltschutz erreicht.

Obwohl das Verbrennen fossiler Energieträger zum Klimawandel beiträgt, ist es auf kurze Sicht besser, Erdgas, Flüssiggas oder Butangas zu verwenden, bis die ärmeren Regionen sich elektrische Kochherde leisten können, die mit Strom aus erneuerbarer Energie funktionieren. Denn es hilft, Entwaldung zu verhindern, und senkt zugleich die Verschmutzung der Innenraumluft, durch die jedes Jahr über vier Millionen Menschen ums Leben kommen.

TSIRY NANTENAINA RANDRIANAVELO

28 Jahre

MADAGASKAR

Die Insel Madagaskar gehört zu den zehn Ländern der Welt, die am anfälligsten für den Klimawandel sind. Seit etwa zwanzig Jahren treten die Folgen des Klimawandels in Form von extremer Hitze, Überflutungen, Dürreperioden und heftigen Zyklonen immer deutlicher zutage.

In den letzten paar Jahrzehnten hat Madagaskar 90 Prozent seiner Wälder und eine Million Hektar Ackerland verloren. Die Hauptstadt des Landes ist vollgestopft mit Menschen, die vor den Folgen des Klimawandelns, vor Unsicherheit und Unterernährung geflüchtet sind. Jeden Tag sehe ich Leute, die sich für einen Kanister Wasser in die Warteschlange einreihen, den sie dann mit einem Viertel ihres Tageseinkommens bezahlen. Ich befürchte, dass ohne konkrete Klimaschutzmaßnahmen der Meeresspiegel in Zukunft noch weiter steigen und Ressourcen wie Wasser und Wälder immer weiter verschwinden werden.

Obwohl junge Menschen die überwiegende Mehrheit der Bevölkerung dieses Landes stellen, werden wir in keinerlei

Klimaschutzmaßnahmen mit eingebunden. Häufig werde ich diskriminiert, weil ich jung bin. Doch die Führung muss junge Menschen einbeziehen, denn wir haben auch eine Stimme. Ich fordere alle dringend auf, zumindest im Kleinen etwas gegen den Klimawandel zu tun. Wenn wir unsere Anstrengungen vereinen, werden unsere kleinen Beträge große Wirkung zeigen.

Madagaskar ist ein Biodiversitäts-Hotspot. 90 Prozent der dortigen Tierwelt findet man nirgendwo sonst auf dem Planeten, doch der Klimawandel bedroht ein Viertel dieser Arten.

RUBY SAMPSON

14 Jahre
SÜDAFRIKA

Als ich elf Jahre alt war, reisten meine Eltern mit mir einmal durch ganz Afrika. Ich habe die dramatischen Folgen des Klimawandels aus erster Hand erfahren: Überflutungen in Sierra Leone, Dürren in Südafrika, Wüstenbildung im Senegal. Ich habe Menschen sterben sehen – und kehrte zurück in eine Gesellschaft, die von Profit geblendet ist, zu gierig, um die harte Realität des Klimawandels zu akzeptieren.

Bevor ich auf diese Reise gegangen bin, hatte ich Pläne und Ziele für eine Zukunft, die nicht von der Klimakrise bestimmt wurde. Diese Träume wurden von der Erkenntnis vernichtet, dass wir uns als Art langsam, aber sicher selbst zugrunde richten und die Geschöpfe um uns herum ebenfalls. Seitdem spüre ich die erdrückende Pflicht zu handeln, weil es sonst keiner tut.

Ich erinnere mich daran, wie wir während der schlimmen Trockenheit in den Wüsten von Namibia waren, wo es für das Vieh nichts mehr zu fressen gab. Also fütterten die Hirten ihre Tiere mit Kartonpappe, die sie vorher in Salzwasser legten, um damit die Mägen der Tiere zu überlisten, sodass diese sich voll anfühlten. Ich erinnere mich an die Trauer um die Menschen, die in den Schlammlawinen von Freetown in Sierra Leone ums Leben kamen. Ich erinnere mich an das Mitgefühl für enge Freunde, deren Haut sich durch verseuchtes Wasser dauerhaft verfärbte, oder an das Mitleid mit Freunden, deren Familien kein Geld haben, weil die Ernte wieder einmal ausgefallen ist. All diese Erinnerungen haben mich geprägt und drängen mich dazu, härter zu arbeiten, den Klimaschutz an erste Stelle zu setzen und Klimagerechtigkeit für jene anzustreben, die sie verdient haben.

Die »African Climate Alliance«, die Nichtregierungsorganisation, die ich mit gegründet habe, hat vier große Forderungen an die südafrikanische Regierung gestellt:

1. Erklärt öffentlich, dass wir uns in einer Klimakrise befinden.
2. Beschließt ein Moratorium für alle neuen Genehmigungen für die Förderung von Kohle, Gas und Öl.
3. Stellt den Stromsektor bis zum Jahr 2030 zu 100 Prozent auf erneuerbare Energien um.
4. Setzt an allen Schulen den Klimawandel und seine Auswirkungen auf Südafrika verpflichtend auf den Lehrplan.

Wenn ich eines an Südafrika ändern könnte, wäre es der Mangel an Bildung. Ganze Generationen sind infolge der Apartheid ohne Bildung geblieben, ohne Arbeit und ohne Geld. Dieses System hat die Menschen allein aufgrund der ethnischen Herkunft erbarmungslos eingeteilt und einigen wenigen Chancen geboten, während der Rest nichts hatte und litt. Ein solcher jahrzehntelang andauernder Missstand verschwindet nicht einfach mit Einführung der Demokratie.

Ich protestiere für die Menschen, die jetzt leiden, nicht nur für die, die in Zukunft leiden werden. Die Menschen spüren die Folgen des Klimawandels bereits, in Mosambik, Sierra Leone, Senegal, Namibia und Südafrika. Die Familien ohne Heim, die Kinder ohne Eltern – sie sind es, für die ich kämpfe. Ich trete dafür ein, dass wir die Situation, in der wir uns befinden, als Notfall anerkennen. Ich kämpfe für Klimaschutz, für die Klimakrise als Unterrichtsfach, für Klimagerechtigkeit und für einen Systemwechsel. Ich trete dafür ein, dass Bauern und deren Familien, die um ihre Existenz kämpfen, Ressourcen und finanzielle Mittel erhalten, ich kämpfe für einen raschen Übergang weg von den nicht erneuerbaren Energie: keine Kohle, Gas oder Öl.

Lasst euch nicht von der Angst lähmen, sie soll euch vielmehr zusammenführen und anspornen.

Die verhängnisvollen Auswirkungen aufs Klima abschwächen und die Themen Arbeitslosigkeit, Ungleichheit und Armut anpacken – das ist ein und derselbe Kampf. Wir sollten aufhören, den südafrikanischen Arbeitern zu erzählen, sie sollen an ihren unsicheren, gefährlichen und gesundheitsschädlichen Jobs in der Kohleindustrie festhalten. Wir sollten ihnen nachhaltige Arbeitsplätze anbieten, als Teil einer raschen Umstellung, weg von fossilen Energieträgern und hin zu erneuerbaren Energien. Die Untätigkeit der Regierung angesichts des Klimanotstands setzt das Leben von Südafrikanern aufs Spiel.

TAFADZWA CHANDO

23 Jahre
SIMBABWE

Ich bin in einer Gesellschaft aufgewachsen, die sich nicht um die Umwelt scherte. Wasser war Mangelware. Ich wollte Lösungen finden, um uns das Leben zu erleichtern und unsere Gemeinden handlungsfähiger zu machen.

Als ich 2019 bei einem Naturschutzprojekt in einer abgelegenen Gegend von Simbabwe arbeitete, war ich schockiert, dass die meisten Menschen gar nichts vom Klimawandel wussten. Deswegen habe ich bei der zuständigen Behörde eine Petition eingereicht, um ein Bewusstsein für den Klimawandel zu schaffen, und gründete in kleinen Gemeinden und in Schulen Clubs, um die Menschen zu sensibilisieren.

Mit meinem Aktivismus ging es los, als ich noch in der Schule war. Dort leitete ich unseren Umweltclub. Wir bauten Gewächshäuser, zogen dort Pflanzen und luden Fachleute ein, die Vorträge über Recycling hielten.

Meine Eltern sahen, wie interessiert ich war, und unterstützten mich. Sie haben den Jugendclub, den ich gegründet habe, zu Beginn sogar finanziert

Wenn man jung ist, ist es schwierig, Aufmerksamkeit zu bekommen – es sei denn, man geht auf die Straße. Aber die politische Situation bei uns erschwert das. Die Regierung von Simbabwe betrachtet Proteste oder Aktivismus als eine Bedrohung.

2019 verabschiedete die Regierung ein Gesetz, das es erschwert, eine Erlaubnis für Demonstrationen zu bekommen. Wir haben Klimamärsche vorbereitet, aber sie wurden nicht genehmigt. Deswegen sind wir jetzt vor Gericht gezogen und kämpfen. Wir haben sieben offene Verfahren, in denen es um den Schutz von Sumpfgebieten geht.

Das Einzige, was wir an Miete zahlen können, damit wir auf diesem Planeten bleiben dürfen, ist Aktivismus.

DELPHIN KAZE

25 Jahre
BURUNDI

Ich lebe in einem Land, in dem die Landwirtschaft den größten Teil der Wirtschaft ausmacht. Der Klimawandel schadet den Ernten bereits, weil sich die Regenzeit verändert hat und Dürreperioden und Überflutungen häufiger auftreten.

Burundi ist ein Entwicklungsland, und die Regierung hat nicht genug Ressourcen, um dem Agrarsektor zu helfen, damit er sich anpassen und widerstandsfähiger werden könnte. Uns fehlen die Gelder, um den Menschen zu helfen, die durch die Überflutungen gelitten haben, und wir können auch die Menschen nicht ernähren, die wegen der Dürreperioden hungern. Der Klimawandel ist in Wirklichkeit ein wirtschaftliches Problem. Und solange unsere wirtschaftlichen Probleme nicht gelöst sind, stehen sie einer nachhaltigen Entwicklung weiter im Weg – und es werden auch in Zukunft noch viele Menschen mehr durch Hungersnöte und Überflutungen umkommen.

* * *

Meine Kampagne richtet sich gegen das alarmierende Ausmaß der Abholzung. Dazu kommt es, weil Holz in Burundi als hauptsächlicher Brennstoff zum Kochen verwendet wird. Ich habe ein soziales Unternehmen gegründet, das Werbung für sauberes Kochen macht. Wir verwenden umweltfreundliche Holzkohle, die aus organischen Abfällen wie Maisresten hergestellt wird. Diese Biokohle qualmt nicht und reduziert auf diese Weise auch die Verschmutzung der Luft in den Häusern. Das hilft, die Gesundheit der Menschen zu schützen, besonders die von Frauen und Kindern.

Als Jugendaktivist hat man es in Burundi nicht leicht. Unseren Ideen wird nicht die gleiche Aufmerksamkeit zuteil wie den Ideen unserer Älteren.

Neun von zehn Burundiern sind in der Landwirtschaft beschäftigt, der Klimawandel wird also einen großen Teil von Burundis Bevölkerung unmittelbar betreffen.

ELIZABETH WANJIRU WATHUTI

24 Jahre
KENIA

Menschen schützen, was sie lieben. Ich erinnere mich noch, wie ich meine Kindheit in der unberührten Natur verbracht habe. Alles, was ich kannte und auf meinem Weg zur Schule sah, waren Bäume vor mir, Sträucher neben mir, der Wind, der um die Baumstämme strich, saubere Wasserläufe in der Nähe unseres Hauses – und das ganz besondere Gefühl von Frieden und Ruhe in Harmonie mit der Natur. Heute träume ich von einer Welt, in der die Menschheit aufhört, die Grundlagen unseres Lebens zu bedrohen, und ich träume vom einzigen Ort, den ich stets als Heimat bezeichnet habe – von der Natur.

Ich bin Umwelt- und Klima-Aktivistin und die Gründerin von »Green Generation Initiative«. Im Rahmen dieser Initiative habe ich in den vergangenen zwei Jahren Kinder und junge Leute unterrichtet und sie gelehrt, die Natur zu lieben und verantwortungsvolle Hüter der Umwelt zu sein. Sie haben an praxisbezogenen Bildungsprogrammen zur Umwelt und aktiv an einer Kampagne zum Pflanzen von Bäumen teilgenommen. Diese Kampagne namens »Adopt a Tree«, die ich leite, hat zum Ziel, dass jedes Kind in jeder Schule Gelegenheit bekommt, einen Baum zu pflanzen und zu adoptieren. Sie zielt außerdem darauf ab, die Ernährungsunsicherheit in den Griff zu bekommen, indem wir in den Schulen sogenannte »essbare Wälder« schaffen. Dabei pflanzen wir unterschiedliche Arten von Obstbäumen auf einem bestimmten Teil des Schulgeländes. In der Hauptsache geht es darum, Schulen zu begrünen, Umweltunterricht einzuführen und praktisch zu gestalten und den Menschen beizubringen, wie wichtig Bäume sind. Damit wollen wir helfen, dass die Waldflächen in diesem Land wieder zunehmen, und bekämpfen damit gleichzeitig den Klimawandel.

Kenia ist sehr anfällig für den Klimawandel. Aktuelle Prognosen gehen davon aus, dass die Temperaturen hier bis zum Jahr 2050 um 2,5 Grad Celsius steigen werden. Ich bin Zeugin von heftigen Regenfällen geworden, die zu Überflutungen, Schlammlawinen und Erdrutschen geführt haben und infolgedessen zu Heimatlosigkeit und zum Tod von Menschen. Es ist schrecklich, wenn man sieht, wie Menschen von den Fluten fortgerissen werden, wie Leute ums Leben kommen, wie Kinder an immer mehr Atemwegserkrankungen leiden und wegen des zunehmenden Nahrungsmangels tagelang ohne Essen auskommen müssen. Kinder und Frauen sind am stärksten gefährdet.

Die Länder mit dem höchsten CO_2-Ausstoß blockieren noch immer mögliche Wege für afrikanische Länder, Zugang zu Geldern für die Anpassung an den Klimawandel und die

Abmilderung seiner Folgen zu bekommen. Dieser globale Verrat und diese Selbstsucht muss ein Ende haben, wenn wir in Zukunft Katastrophen vermeiden wollen, die durch die Klimakrise verursacht werden.

NDÉYE MARIE AÏDA NDIEGUENE

24 Jahre
SENEGAL

Sie spielten am Strand, ein Ball vor ihren Füßen, Zorn in ihren Blicken. Sie spielten auf diesem Streifen Land, zwischen Himmel und Erde, zwischen Land und Meer. Der Atlantik lag vor ihnen, gewaltig und ungestüm. Sie spielten auf diesem Streifen Land, der Jahr für Jahr unter dem hilflosen Blick der kleinen Jungen und Mädchen abnahm, die jeden Tag hierherkamen.

Heute ist er in der völligen Gleichgültigkeit einer Welt verschwunden, die zweifellos vergessen hat, dass jedes Stück Erdboden und alle Teile des Planeten Erde gleich viel wert sind.

Der Anfang meines Textes hat euch den Zusammenhang verschwiegen: Ihr seid in Kayar, einer kleinen Stadt gut 50 Kilometer entfernt von Dakar, der Hauptstadt des Senegal. Kayar liegt an der senegalesischen Küste, die sich über 700 Kilometer erstreckt. Für diesen Fischerort ist das Meer immer die Haupteinkommensquelle gewesen, Kayar ist berühmt für seinen Fischmarkt und seine Küste.

Aber kommen wir zurück zu den Kindern am Strand, zu den jungen Mädchen, die mit den Füßen im Wasser plantschen, zum Rauschen der Wellen, die zu Füßen des Kontinents an Land schlagen. Der Ozean hat sich gegen seine Kinder gewandt. Überall auf der Welt zittern Inselbewohner und Küstenbevölkerung vor Furcht angesichts des steigenden Meeresspiegels. Es vergeht kein Tag, ohne dass man über abbröckelnde Küsten spricht, über verschwindende Inseln, über Überflutungen und Klimaflüchtlinge.

Die Einwohner von Kayar waren einst die Herren der See. Sie zähmten es, jede Generation von Neuem. Doch heute ist das Meer außer Kontrolle. Der Fußballplatz der Kinder ist in nicht einmal zehn Jahren um die Hälfte geschrumpft. Die Pirogen, die traditionellen Boote der senegalesischen Fischer, liegen nicht mehr an der Küste. Man kann keine Fotos mehr machen von den aufgereihten Booten, eines neben dem anderen, so weit das Auge reicht, am Rande des Ozeans. Jetzt muss man die Boote höher hinaufziehen, und leider ist es heutzutage nichts Ungewöhnliches, dass man Boote sieht, die von den Männern ganz an Land geholt und in Sicherheit gebracht werden.

Und wenn ihr euch die Zeit nehmt, stehen zu bleiben, wenn ihr euch die Zeit nehmt, die Männer zu fragen, dann werden sie euch sagen: »Der Meeresspiegel steigt, unsere Boote und selbst unsere Häuser sind in Gefahr.« Kayar ist in Gefahr. Die Stadt sieht sich dem Klimanotstand gegenüber, dem steigenden Meeresspiegel, einer dauerhaften Überflutung, der Erosion der Küste – und die Einwohner von Kayar sind machtlos. Nichts schützt die Menschen vor dem Zorn des Meeres.

In Bargny, gut 30 Kilometer von Dakar entfernt, ist es das Gleiche. Das Meer kommt schweigend näher. Die Bevölkerung vor Ort sieht ohnmächtig zu, wie ihre Heimat verschwindet. Ihre Häuser stürzen zusammen, und die Welt reagiert mit vollkommener Gleichgültigkeit. Es gibt keine Strategie dagegen. Wir ziehen es vor, die Augen zu schließen und uns auf die andere Welt zu konzentrieren, die Welt der Zusagen, der wichtigen Reformen, der bedeutenden Projekte, die Städte retten können.

Über die verheerenden Folgen des Klimawandels zu sprechen, ohne Saint-Louis und das sinnbildhaftes Guet Ndar zu erwähnen, wäre ein echter Frevel.

Guet Ndar ist ein Fischerviertel von Saint-Louis, das überflutet wurde. Seine Bewohner wurden zu Klimaflüchtlingen. Das Meer, Freund und Hauptressource der Fischer, richtete sich wieder einmal gegen seine Kinder. Die Wassermassen drangen in die Friedhöfe ein, die Häuser stürzten zusammen, und man konnte nichts tun, um zu helfen.

Gibt es eine Klimarealität der zwei Geschwindigkeiten? Gibt es zwei Planeten? Oder sind wir nicht alle Bewohner ein und desselben Planeten?

Warum ist dann die Situation an der senegalesischen Küste nicht besorgniserregend? Weshalb bleiben unsere Klimaflüchtlinge hilflos zurück, warum wird ihre Lage vollkommen ignoriert? Habt ihr schon einmal an die Zukunft meines Landes gedacht? Wir, die Länder im Süden, produzieren weniger als 1 Prozent der globalen Treibhausgase, aber wir leiden unter der vollen Wucht der zerstörerischen Folgen des Klimawandels.

Sind wir bloß ein Kollateralschaden? Begreift denn niemand, dass wir alle Teil der gleichen Welt sind?

ANTARKTIS

KONTINENT: ANTARKTIS

BEVÖLKERUNG: KEINE STÄNDIGE WOHNBEVÖLKERUNG

DIE GRÖBTEN KLIMATISCHEN HERAUSFORDERUNGEN:

- **Beschleunigter Anstieg der Temperatur** – Teile der Antarktis erwärmen sich drei Mal so schnell wie andere Teile unseres Planeten. Die Antarktisgletscher verlieren schneller an Eis, als sie Eis dazugewinnen, und das trägt zum Anstieg der Meeresspiegel bei.

- **Verlust von Lebensraum** – Durch den Temperaturanstieg könnten auf Eis angewiesene Arten wie zum Beispiel die Kaiserpinguine, die Eisflächen zum Brüten brauchen, in Kürze vom Aussterben bedroht sein, weil ihr Lebensraum verloren geht.

- **Der Schutz von Krill** – Diese Krebstierchen ernähren sich von Phytoplankton und finden unter dem Meereseis Schutz und Nahrung. Krill stellt die wichtigste Futterquelle für praktisch die gesamte Tierwelt der Antarktis dar, eine schwindende Eisdecke ist also eine Bedrohung für die ganze Nahrungskette. Krill spielt im Südpolarmeer auch eine entscheidende Rolle dabei, Kohlenstoff von der Oberfläche in den Tiefen das Ozeans abzuladen – und zwar in Form seiner Ausscheidungen.

- **Überfischung** – Das Fischen in den Gewässern der Antarktis ist durch ein internationales Abkommen geregelt. Aber das hat die illegalen, ungeregelten, nicht beobachteten Fischereiaktivitäten, die die Biodiversität des Kontinents bedrohen, nicht vollständig zum Erliegen gebracht.

ZOE BUCKLEY LENNOX

26 Jahre
ANTARKTIS/AUSTRALIEN

Zoe Buckley Lennox reiste auf dem Greenpeace-Schiff Arctic Sunrise *in die Antarktis, um gegen die Krillfischerei in Meeresschutzgebieten zu protestieren. Der folgende Text besteht aus Auszügen aus ihren täglichen Aufzeichnungen, die sie während dieser Zeit machte.*

DONNERSTAG, 8.3.18

Heute war ein guter Tag. Wir sind endlich in Richtung Antarktis aufgebrochen. Ich habe einen See-Elefanten gesehen, meine Stiefel bereit gemacht und bei ein paar Dingen auf dem Schiff geholfen. Außerdem ist heute der Internationale Frauentag – das scheint ein besonders angemessener Tag, um in die Antarktis zu fahren, wenn man bedenkt, dass dieser Kontinent eine heftige Geschichte in Sachen Sexismus hat. Frauen waren auf dem antarktischen Festland ursprünglich nicht zugelassen, denn man glaubte, wir könnten »die extremen Temperaturen oder kritische Situationen« nicht ertragen. Erst in den 6oer-Jahren wurde es Frauen gestattet, in der Antarktis zu arbeiten, beinahe hundert Jahre nachdem die ersten Forschungsreisenden hierhergekommen waren. Vermutlich lag das auch daran, dass es keine Friseure oder Geschäfte gab, also hätten wir nicht überleben können oder wir hätten nichts zu tun gehabt. Wisst ihr, Wissenschaft ist nämlich für Frauen nicht von Interesse … *Argh!*

* * *

SAMSTAG UND SONNTAG, 10./11.3.18

Draußen wird es kälter, die Temperatur sinkt alle paar Stunden, je näher wir der Antarktis kommen. Die Drakestraße hat uns bloß eine Zwei-Meter-Woge serviert, und die ersten Albatrosse sind aufgetaucht. Königsalbatrosse und Wanderalbatrosse sind am größten (drei Meter Flügelspannweite!), und wenn man sich trotz Kälte und Wind an Deck traut, kann man in der Regel mindestens zwei sehen. Sie gleiten hinter dem Schiff her, schaukeln ohne jede Anstrengung auf der Luftströmung, berühren mit den Flügelspitzen das Wasser und bewegen sich zwischen den Wellenbergen. Sie sind Drachen, die mit unsichtbaren Schnüren am Heck des Schiffes befestigt sind, und nutzen den Aufwind, während wir uns übers Meer voranschleppen. Raubmöwen und Sturmvögel gesellen sich dazu. Bei den Sturmvögeln gibt es eine große Bandbreite in Größe und Form. Manche haben eine Spannweite von zwei Metern, andere nur ungefähr 23 Zentimeter. Das sind die Sturmschwalben, die auf dem Wasser tanzen und um uns herumflattern. Sie sind wunderschön mit ih-

ren bogenförmigen Schwingen, mit ihren fortwährend tän-
zelnden Beinen und ihrem schwarzen Federkleid, nur un-
terbrochen von der weißgefiederten Brust. Ich habe heute
auch Pinguine gesehen! Sie sind nur einen Augenblick aus
dem Wasser gesprungen und wieder hineingeglitten, vier
oder fünf hintereinander.

* * *

MITTWOCH, 14.3.18

Heute sind wir zur Paradise Bay gefahren und haben dort
erst mal eine Runde gedreht, um ein paar Schiffe zu über-
prüfen. Es sind größtenteils Krilltrawler mit riesigen Netzen,
die Millionen kleiner pinkfarbener Krebstierchen fangen. Auf
einigen Fotos habe ich gesehen, dass das Wasser, das hinter den Schiffen aufwallt, pink ist von dem vielen Krill. Sie
werden getötet für Wachstum, für Omega-3-Fettsäurekap-
seln mit Krillöl für die Nahrungsergänzungsmittelindustrie
und für Fischfutter. Krill ist ungeheuer wichtig. Wenn man
seinen Lebensraum schützt, schützt man zugleich ein ganzes Ökosystem. Die Krillfischerei zu reduzieren, könnte auch
dazu beitragen, die Folgen des Klimawandels abzumildern –
Krill bindet mit seinen Fäkalien, die auf den Meeresboden sin-
ken, eine Menge Kohlenstoff, der anderenfalls zurück in die
Atmosphäre strömen würde. Das internationale Kontroll-
gremium für die Gewässer der Antarktis ist die Kommissi-
on zur Erhaltung der lebenden Meeresschätze der Antarktis
(CCAMLR). Derzeit erlaubt sie die Krillfischerei, obwohl hier

offiziell Meeresschutzgebiet ist. Aber die Mengen an unseren pinkfarbenen Freunden, die aus dem Wasser geholt werden, sind enorm, und wenn man an den Verlust des Lebensraums (durch den Klimawandel) und an den Anstieg der Walpopulation (*Juhu!*) denkt, ist es schlicht falsch, sie aus dem Ökosystem zu entfernen.

Die Krillschiffe sind riesig. Es kommen auch sogenannte Kühlschiffe hierher, die noch größer sind und in die der Krillfang umgeladen wird. So können die Krillschiffe auf einer Fahrt gleich mehrmals auf Fang gehen. Wir sahen, wie in dieser wunderschönen Bucht ein Kühlschiff an einem Krilltrawler lag – sie hatten wahrscheinlich gerade eine Ladung übernommen –, umgeben von riesigen Gletschern, unglaublichen Felsklippen und Kolonien von Adélie-Pinguinen. Einem unserer Bootsführer fiel auf, dass die Schiffe Abfall in den Ozean warfen. Eine Menge Vögel pickten sich die organischen Abfälle heraus, die im Wasser schwammen. Eines unserer Crewmitglieder fischte eine Plastikverpackung heraus, die in der Bucht trieb.

Auf unserem Weg durch die Bucht mussten wir ständig auf Pinguine, Robben, Eisberge und Wale achten und immer rufen und dort hindeuten, wo wir sie sahen, um sicherzugehen, dass der Bootsführer ihnen auswich, solche Mengen waren unterwegs! Das Wasser wimmelt nur so von Leben.

* * *

DONNERSTAG, 22.3.18

Endlich haben wir das erreicht, wofür ich mitgefahren bin.

Ich wachte mit leicht vernebeltem Blick auf. Als ich zum Frühstück in die Messe kam, herrschte schon große Anspannung. Die Mannschaft des Bootes wurde informiert, wie man einen ukrainischen Trawler davon abhalten könnte, an dem riesigen Kühlschiff längsseits zu gehen, indem wir ihnen mit unseren Festrumpfschlauchbooten den Weg blockierten. Keine halbe Stunde später waren wir auf dem Wasser, machten Fotos und stellten uns der Übergabe in den Weg.

Als wir sahen, dass das Kühlschiff und der Fischtrawler längsseits lagen, und nachdem ich meine gesamte Kletterausrüstung überprüft hatte, erhielten wir die Nachricht, dass wir es zuerst mit dem Banner versuchen sollten. Wir fuhren zurück zum Schiff, holten die Ausrüstung, verstauten sie im Boot und rasten geradewegs auf den Trawler zu. Als wir näher kamen, sah ich, dass fast zwanzig Mann an Deck waren. Wir verwendeten einen Haken und eine Stange, um eine Kletterleine zu befestigen. Für die erste Leine brauchten wir drei Versuche, denn die Männer an Deck hatten Messer und schnitten die Leine durch, bevor irgendjemand daran hochklettern konnte. Dann bekamen wir schließlich eine gute Verankerung hin, und Sarah sprang aufs Seil. Bald kriegten wir mit einem weiteren Haken auch Meena an ihrem Seil hoch. Es war geplant, dass der Abstand zwischen ihnen zehn Meter betragen sollte, aber es waren dann eher zwanzig Meter, also verlängerten wir die Zugschnur mit ein paar zusätzlichen Bootsseilen. Wir schafften es, ein Seil zwischen die beiden Kletterer zu kriegen, und sie zogen das Transparent quer über den Schiffsrumpf. Es sah wunderbar aus: riesige Schiffe, ein farbiges Transparent, zwei kleine Kletterer und die gewaltigen Steilhänge aus Eis und Bergen im Hintergrund. Es war beinahe zu monumental, um es wirklich erfassen zu können. Wir blieben etwa 20 Minuten, während die Medien bei uns an Bord Bilder machten und eine Drohne über die Szenerie hinwegflog. Als die Zeit um war, packten wir das Transparent, die beiden kamen rasch hinunter, zurück in die Boote, dann klickten wir beide Haken mit einer Stange ab und schnappten sie uns. Eine vollständige Bergung.

Zurück auf dem Schiff hatten wir eine Dreiviertelstunde Zeit zum Entladen und Neubeladen. Ich schlang rasch etwas zu essen hinunter, dann machten Ronni und ich die Ausrüstung für die Gondel fertig. Wir hatten vor, ein Seil am Heck des Schiffes festzumachen, direkt über der Stelle, wo man den Krill einholt. Ich sollte als Erste hinaufklettern, ein weiteres Seil runterwerfen und einen Kettenflaschenzug hochziehen, eine riesige Kette, an der man schwere Objekte hinaufziehen kann. Unten würde in der Zwischenzeit die Gondel in Position gebracht werden. Ronni sollte auf der Gondel stehen, sie einhaken, und wir würden sie so weit hochziehen, wie wir konnten. Als wir näher kamen, sahen wir niemanden an Deck, aber nachdem wir das erste Seil eingeklinkt hatten und ich zu klettern begann und gerade durchgeben wollte: »Alles klar«, schnitt ein Mann mit Kapuze ganz schnell mein Seil durch. Ich war nur ein paar Sekunden im Wasser, dann zogen mich die anderen ins Boot. Mein Trockenanzug war dicht geblieben, und mir ging's gut, bis auf einen kleinen Schock. Wir holten den Rest des Seiles ein, und ich versuchte es erneut, aber diesmal an einer Stelle, an die man vom Schiff aus nicht so leicht rankam.

Wir fuhren also im Schlauchboot mit Tempo um das Schiff herum, dorthin, wo der Anker unterhalb vom Bug herausragte. Ronni kletterte die Ankerkette hinauf und befestigte einen Kletteranker. Ich wollte auf die Gondel springen, den Flaschenzug einhaken und die Gondel hochziehen. Jetzt musste alles klappen. Als ich auf die Gondel stieg, die neben dem Schlauchboot längsseits lag, ging sie mit dem Wellengang dermaßen rauf und runter, als säße man bei einem Rodeo auf einem bockenden Stier. Schließlich schaffte ich es, den Haken, den Ronni zu uns heruntergelassen hatte, an der Gondel zu befestigen. Auf so einer Gondel ist nicht gerade viel Platz, und sich oben zu halten, während sie sich so heftig bewegte, war echt nicht leicht.

Ich begann die Gondel langsam hinaufzuziehen, immer eine Handbreit nach der anderen, ich packte die glitschige, nasse, kalte Kette und zog. Meine Hände waren ganz taub, und als das Gefühl zurückkehrte, taten sie weh. Schließlich hatten wir die Gondel aus dem Wasser gehievt, hielten kurz inne, schlugen uns ab und schnauften durch.

Die Gondel ist so eingerichtet, dass eine Person fast eine Woche darin leben kann. Wir kletterten aus der Gondel heraus und hockten ungefähr 20 Minuten auf ihrem Dach, dann erfuhren wir, dass der Trawler damit drohte, aufs Meer hinauszufahren, wo der Wellengang viel zu heftig ist, als dass man in der Gondel bleiben könnte. Die Dünung würde den Boden der Gondel erreichen, es wäre nicht sicher. Wir gingen aber davon aus, dass der Kapitän des Trawlers bluffte.

Es dauerte einen Augenblick, bis wir merkten, dass wir uns tatsächlich vorwärtsbewegten. Ich merkte es auch nur, weil ich sah, dass das Schlauchboot plötzlich große Mühe hatte, neben uns zu bleiben. Jetzt mussten wir uns überlegen, wie wir so schnell wie möglich vom Schiff wegkommen konnten. Die einzige Möglichkeit bestand darin, ins Meer zu springen und sich herausfischen zu lassen.

Wir waren darin geschult, ins Wasser zu springen, und ich war ja heute schon mal im Meer gelandet, also wusste ich, dass ich das gut hinkriegen würde. Trotzdem ist das kein besonderer Trost. Ich sprang also und stürzte ins eisige Wasser, und als ich wieder auftauchte, packte mich die Besatzung, zog mich ins Boot, und wir drehten bei.

Eins, zwei, drei. Ronni machte die Gondel los. Sie traf mit einem lauten Klatschen aufs Wasser und tanzte eine Weile auf den Wellen, dann trieb sie davon. Nur Sekunden später platschte auch Ronni ins Wasser. Wir packten ihn und fuhren vom Trawler weg in Sicherheit. Die Gondel trieb in ungefähr 50 Metern Entfernung, und der Trawler dampfte davon. Das Schlauchboot setzte uns schnell auf der *Arctic Sunrise* ab, damit wir uns aufwärmen konnten, und fuhr wieder los, um die Gondel zu bergen. Wir stiegen aus unseren Klamotten, umarmten alle auf dem Schiff und genehmigten uns ein Bierchen. Unsere Botschaft war ganz sicher angekommen.

AUSTRALIEN UND OZEANIEN

REGION: AUSTRALIEN UND OZEANIEN

BEVÖLKERUNG: 42 MILLIONEN

DIE GRÖßTEN KLIMATISCHEN HERAUSFORDERUNGEN:

- **Trockenheit und extreme Hitze** – 2019 erlebte Australien die heftigsten Buschbrände seit Beginn der Aufzeichnungen. Ein Gebiet von der doppelten Größe Belgiens brannte nieder. Dass immer weniger Regen fällt, ist ein Grund, warum australische Buschfeuer immer schlimmere Ausmaße annehmen.

- **Anstieg des Meeresspiegels** – Die Meeresspiegel steigen im globalen Durchschnitt um drei Millimeter pro Jahr. Im westlichen Pazifik aber beträgt der Anstieg seit den 1990er-Jahren bis zu zwölf Millimeter jährlich. Das sorgt für Küstenerosion, und das durch Hochwasser eindringende Salzwasser vernichtet Ackerland und macht in einzelnen Ländern wie Fidschi bereits ganze Landstriche unbewohnbar.

- **Überflutungen** – Etwa zwei Drittel der Bevölkerung von Neuseeland leben in Gebieten, die anfällig für Überflutungen sind. In Zukunft muss man damit rechnen, dass extrem schwere Regenfälle häufiger auftreten werden, und zwar bis zu vier Mal so häufig. Überflutungen sind in Neuseeland bereits heute die häufigste und gleich hinter Erdbeben die kostspieligste Naturkatastrophe.

LOURDES FAITH AUHURA PAREHUIA

18 Jahre
NEUSEELAND

Ich lebe zwar nicht auf den pazifischen Inseln, aber ich fühle mich sehr verbunden mit den Menschen dort und mit dem, was sie durchmachen. Ich kenne die Gefahren, denen die Heimat meiner Familie ausgesetzt ist, und das leitet mich bei meinen Entscheidungen für die Zukunft und darüber, wofür ich mich einsetze.

Statt im kommenden Jahr auf die Uni zu gehen, wie ich das eigentlich geplant hatte, nehme ich ein Brückenjahr, um mit verschiedenen Graswurzel-Bewegungen zu arbeiten, die, wie ich weiß, in dieser Klimakrise sehr viel bewirken können. Ich weiß, dass das die richtige Entscheidung ist, und ich bin stolz auf das, was ich tun werde.

Zu meiner Arbeit gehört auch der Versuch, meine Schule zu mehr Nachhaltigkeit zu motivieren. Ich bin der Auffassung, dass jeder, der die Kraft hat, etwas zu verändern, auch etwas tun sollte. Das ist auch deshalb besonders wichtig, weil es kleine Inselnationen gibt, die ihr Bestes geben, aber trotzdem unter den Folgen des Klimawandels leiden.

Eine meiner wertvollsten Erinnerungen ist es, wie ich »4TK« live erlebt habe, eine Graswurzel-Gruppierung, die in South Auckland ihren Anfang genommen hat und beim »Auckland City Climate Strike« auftauchte. Ich hörte ein herzhaftes *»Cheeeeeeehoooooo«*, einen polynesischen Gruß, vom unteren Ende der Straße, rannte auf die andere Seite unserer provisorischen Bühne und sah die Flaggen von allen unseren Pazifikinseln.

Dieser Anblick ist für die Innenstadt von Auckland alles andere als typisch, denn die meisten Polynesier sind aus der Stadt weggezogen. Ich war von Liebe und Stolz erfüllt, als ich sah, wie meine Kultur und meine Lebensart ins Herz unserer Stadt getragen wurden, an den Ort, auf den ich meine ganzen Anstrengungen konzentriert hatte. Endlich sah es hier so aus, wie es aussehen sollte.

Es gibt stets mehr Leute, die sich um etwas sorgen, als wir glauben.

In Aotearoa (so nennen die Maori Neuseeland) haben wir das Glück, keine so verheerenden Feuer zu erleben oder so unter dem steigenden Meeresspiegel zu leiden wie unsere Nachbarn. Doch Aotearoa beginnt endlich auch zu begreifen, dass der Klimawandel eine Bedrohung für die Art und Weise ist, wie die Welt lebt, und macht Anstalten, ein klimaneutrales Land zu werden.

Zu unseren ersten Schritten gehörte der Gesetzentwurf »Zero Carbon« und die Schaffung von neuen Posten im Parlament wie den eines Ministers für Klimawandel. Aber wenn wir uns nicht ständig weiterentwickeln und uns nicht selbst immer wieder kritisch hinterfragen, werden auch unsere Küstenstädte irgendwann mit dem steigenden Meeresspiegel konfrontiert werden. Die Landwirtschaft, einer unserer stärksten Wirtschaftsbereiche, wird unter der Veränderung des Klimas leiden, unsere althergebrachte Lebensart wird leiden, und Aotearoa, wie wir es kennen, wird sich verändern.

Ich wünschte, bei uns in den Schulen wären Umwelterziehung und Staatsbürgerkunde ein größeres Thema. Es ist einfach ungeheuer wichtig, dass ein Land sich zumindest dessen bewusst ist, was geschieht, um sich dann zu überlegen, was es dagegen tun kann. Es tragen sich nicht annähernd genug Leute für die Wahlen ein, ganz zu schweigen davon, dass sie ihre Stimmzettel auch abschicken. Ich glaube, wenn mehr Leute wüssten, was los ist, wären sie eher bereit zu handeln – und mit Überzeugung zu handeln. Ich finde auch, dass die Menschen wissen sollten, wie ihr Land funktioniert, und ihnen sollte klar sein, dass ihre Stimme bei den Wahlen von Bedeutung ist.

Kia kaha. Bleibt stark! Ich weiß, es fühlt sich fürchterlich und erdrückend an, als gäbe es da niemanden, der sich sorgt. Ihr sollt wissen, dass ich da bin. Die beste Zeit, etwas zu tun, war damals, als wir zum ersten Mal vom Klimawandel erfahren haben. Und die zweitbeste Zeit ist genau jetzt.

ALEXANDER WHITEBROOK

25 Jahre
AUSTRALIEN

Ich bin Aktivist für nachhaltiges Wassermanagement. Weil ich im Westen von Australien groß geworden bin, bin ich mir der Wasserknappheit von klein auf bewusst gewesen. Als ich jünger war, war mir das nicht klar, erst später habe ich begriffen, dass es für viele Menschen in den reichsten Ländern der Welt, die Wasser in Hülle und Fülle haben, nicht unbedingt normal ist, dass man den Wasserhahn nicht laufen lässt, während man sich die Zähne putzt, oder dass man sich beim Duschen die Uhr stellt, um vier Minuten nicht zu überschreiten.

Diese Wasserknappheit in meiner Kindheit hat auf mich einen ganz grundlegenden Einfluss gehabt. Ich möchte deshalb die Welt daran teilhaben lassen, wie wir in meiner Heimat Wasser als Kostbarkeit betrachtet haben und wie wir entsprechend sparsam mit diesem wertvollen Rohstoff umgegangen sind.

Jahre später, als ich in Shanghai lebte, hatte ich Gelegenheit, ein Praktikum bei einer kleinen Nichtregierungsorganisation namens »Thirst« zu machen. Dort regten mich meine Kollegen dazu an, die Anstrengungen zum Wassersparen in den Mittelpunkt meiner beruflichen Laufbahn zu stellen.

Wasser ist ein grundlegender Bestandteil unseres täglichen Lebens. Keine andere Ressource ist so komplex und vielschichtig wie Wasser. Die Vereinten Nationen selbst haben bekräftigt, es sei das Wasser, durch das wir »in erster Linie die Folgen des Klimawandels zu spüren bekommen werden«. Deswegen steht Wasser bei mir seit meinen allerersten Schritten in der Klimaschutzbewegung ganz oben auf der Liste. Wasserverschmutzung, Dürreperioden, Überflutungen, Regenfälle, die man nicht vorhersagen kann, Eisschmelze, Veränderungen im Lauf von Flüssen und Wassermisswirtschaft in Industrie und Landwirtschaft werden in den kommenden Jahren die Ernährungssicherheit und die politische Stabilität zunehmend bedrohen.

* * *

Die Klimakrise wird Australien massiv betreffen. Der Sommer 2019 war der heißeste, der je gemessen wurde. Im Dezember 2019 erlebte das Land mit 40,89 Grad Celsius seine heißeste landesweite Durchschnittstagestemperatur aller Zeiten. Während viele Menschen im ganzen Land handeln, mangelt es auf politischer Ebene am Willen, den Klimaschutz zu beschleunigen.

Wenn ich gleich morgen eine Sache in meinem Land ändern könnte, würde ich die Partei »The Greens« an die Regierung bringen. Seit ihrer Gründung im Jahr 1992 haben sie sich von einer Mini-Partei, die bloß ein einziges Thema hatte, zur drittgrößten politischen Partei Australiens mit vielseitigen Strategien entwickelt. In ihrem politischen Programm hat die Klimakrise Vorrang vor allen anderen Problemen, und genau das braucht Australien, um auf dem Weg der Umweltzerstörung, auf dem das Land sich derzeit befindet, kehrtzumachen. Ich stimme nicht mit allen politischen Ansichten der »Green Party« überein, aber Australien muss dem Klimaschutz Priorität einräumen, so wie die Partei es tut.

Die jungen Menschen auf der ganzen Welt sind diejenigen, die von den zunehmend schlimmen Folgen der Klimakrise am stärksten betroffen sind. Wenn jemand die höchste Autorität hat zu entscheiden, was wir als Spezies tun müssen, um eine Katastrophe abzuwenden, dann sind das wir jungen Menschen. Dass wir bei der Klimadiskussion noch immer größtenteils in den Hintergrund verwiesen und in eine rein symbolische Rolle gedrängt werden – dagegen müssen wir weiterhin ankämpfen.

Australien ist der trockenste von allen bewohnten Kontinenten. Etwa ein Drittel des Landes bekommt so wenig Regen ab, dass es praktisch Wüste ist.

KOMAL NARAYAN

27 Jahre
FIDSCHI

Die Bewohner der pazifischen Inseln können die drastischen Folgen des Klimawandels jeden Tag am eigenen Leib erfahren.

Am meisten Sorge bereitet im Augenblick der steigende Meeresspiegel. Hier geht es nicht nur um mein Land – sämtliche pazifische Inselstaaten laufen Gefahr, irgendwann überflutet zu werden. Auf den Fidschis sind aus diesem Grund schon drei Küstengemeinden umgesiedelt worden und vierzig andere wurden als in hohem Maß gefährdete Gebiete eingestuft, die umgesiedelt werden müssen.

Ich habe erkannt, dass wir jungen Menschen der Schlüssel zu diesem Kampf gegen den Klimawandel sind. Ich bin Mitglied einer jugendgeführten Bewegung hier in Fidschi, der »Alliance for Future Generations«. Wir kümmern uns darum, dass junge Leute, die sich für das Klima einsetzen, auf nationaler, regionaler und internationaler Ebene gleichermaßen vertreten sind. Wir übersetzen auch Maßnahmen der Politik für die breite Allgemeinheit in besser verständliche Sprache und organisieren Aktionen, bei denen wir Müll wegräumen und mit Jugendlichen und Erwachsenen Mangrovenbäume pflanzen.

Junge Menschen auf der ganzen Welt tun alles, was in ihrer Macht steht, um etwas zu erreichen und den Klimanotstand zu bekämpfen. Aber die größte Herausforderung liegt darin, die politische Führung und die Entscheidungsträger zu beeinflussen. Manchmal bekomme ich Angst, dass den jungen Menschen, wenn sie erst einmal erwachsen sind, gar keine Zukunft mehr bleibt, die sie noch gestalten könnten.

Fidschi macht sich mit seinen Appellen, im Kampf gegen den Klimawandel schnell zu handeln, bereits lautstark bemerkbar. Unsere politische Führung fordert die Weltführer aktiv auf, mit den Maßnahmen endlich ernst zu machen. Aber wenn die Industrieländer ihre Bemühungen nicht verstärken und die Menge an Emissionen verringern, wird Fidschi nicht in der Lage sein, sich selbst zu retten.

Wir müssen den Worten Taten folgen lassen und den Kampf aufnehmen.

KAILASH COOK

17 Jahre
AUSTRALIEN

Die ersten zehn Jahre meines Lebens habe ich auf einer kleinen Insel namens Koh Tao im Golf von Thailand verbracht.
Sie ist berühmt für ihre Korallenriffe, die viele meeresbe-
geisterte Touristen anlocken. An diesen Riffen bin ich viel
geschnorchelt und getaucht, habe ihre Vielfalt und Schönheit kennengelernt und das komplexe Gewebe der Natur
bestaunt. Einfache Dinge wie die symbiotische Beziehung
zwischen dem Clownfisch und der Anemone oder das Zu-
sammenspiel von Putzerfisch und Zackenbarsch haben meine Leidenschaft erst so richtig befeuert. Eine derartige Menge
an unterschiedlichen Lebewesen, die einträchtig gemeinsam
in diesem erstaunlichen Ökosystem leben!

Aber ich konnte die Folgen des Klimawandels bereits erkennen – und auch, wie sehr das Verhalten der Menschen die
Korallenriffe bedroht. Das Jahr 2010 brach alle früheren Tem-
peraturrekorde und sorgte für eine Korallenbleiche, in Folge
derer viele der Riffe, mit denen ich groß geworden war, starben. Ich erinnere mich noch an eine Fläche, auf der sich ver-

ästelte Korallen erstreckten, so weit das Auge reichte. Zwischen diesen Verästelungen der Korallen entdeckte ich immer wunderschöne Fische und jede Menge anderer Lebewesen, die hier ihren Lebensraum hatten. Und dann, es dauerte nur knapp zwei Monate, war alles weg, und es blieben nur noch Trümmer und Sand übrig.

Im darauffolgenden Jahr, 2011, litt Koh Tao unter heftigen Regenstürmen und Überflutungen. Wegen der ins Wasser gespülten Sedimente konnte sich das Riff nicht erholen. Diese klimatischen Ereignisse, die es schon mein ganzes Leben lang gibt, fanden außerhalb der üblichen Saison statt und waren sehr viel zerstörerischer als je zuvor. Die Beispiele zeigen das entscheidende Problem unserer Zeit ganz klar auf. Ich begriff, welche existenzielle Bedrohung der Klimawandel darstellt, und das hatte entscheidenden Einfluss auf mein Leben. Ich spürte, dass auch ich auf gewisse Weise für diese Klimaereignisse verantwortlich war, die die Ökosysteme zerstörten, die ich so sehr liebte.

Ich führe einen ganz persönlichen Feldzug: Ich will meinen Beitrag zum Klimawandel so klein wie möglich halten und gleichzeitig so viele Leute wie möglich dazu bewegen, das Gleiche zu tun. Deswegen gehe ich mit gutem Beispiel voran. Ich teile meine Gedanken und Vorstellungen mit den Menschen, damit sie angeregt werden, etwas an ihrem eigenen Leben zu ändern. Ziel ist es, durch meine Erfahrungen Menschen zu ermutigen, die sich eher durch Geschichten über Hoffnung und Güte beeinflussen lassen als durch wütende Appelle oder indem man ihnen Angst macht.

Wenn Menschen einander mit Respekt begegnen, ist das immer die erfolgreichste Art der Kommunikation.

Was einen als junger Aktivist am meisten herausfordert, sind die Beschränkungen, die uns jungen Menschen auferlegt werden. Ich habe wegen meines Alters darum kämpfen müssen, an Veranstaltungen teilnehmen, Anlagen besichtigen oder bei Aktivitäten dabei sein zu dürfen. Dabei sind in Thailand die Vorschriften und Bestimmungen noch weit weniger restriktiv als anderswo, und diese Freiheit hat mir dort die Möglichkeit verschafft, mich an vorderster Front zu engagieren und bei der Erholung unserer Korallenriffe vor Ort mitzuarbeiten, um anderen Menschen ein Beispiel zu geben. Seit ich 2015 nach Australien gekommen bin, sind die Möglichkeiten, an solchen Aktivitäten teilzunehmen, sehr viel stärker eingeschränkt.

Derzeit lebe ich in Townsville an der Nordostküste Australiens. 2016 und 2017 hat das Great Barrier Reef zwei aufeinanderfolgende Bleichen erlebt, die viele der Riffe zerstört haben, die zu dieser überwältigenden Struktur gehören. Am stärksten betroffen waren die nördlichen Riffe, die nur schwer zugänglich sind und von denen wir deshalb glaubten, dass die Menschen ihnen nicht so leicht schaden könnten. Falsch gedacht.

2019 führte ein heftiger Tropensturm dazu, dass die Gegend um Townsville überflutet wurde. Tausende von Häusern wurden zerstört, es entstanden Schäden in Höhe von Hunderten Millionen Dollar. Dass den Überflutungen in dieser Gegend eine Trockenperiode von sieben Jahren vorausgegangen war, machte das extreme Wetterereignis erst recht ungewöhnlich. Und ich werde noch mehr von diesen extremen klimatischen Ereignissen erleben müssen, wenn der Klimawandel weiter in dem Tempo voranschreitet wie derzeit.

Wenn ich in Australien etwas ändern könnte, würde ich jeden Menschen davon überzeugen, dass der Klimawandel tatsächlich existiert und dass man etwas gegen ihn unternehmen muss. Es tut mir im Herzen weh zu sehen, dass die Menschen in ein und demselben Jahr unter den Folgen von Überflutung und heftigen Buschfeuern leiden und dann noch immer glauben, der Klimawandel wäre bloß Propaganda. Der Export fossiler Brennstoffe macht nach wie vor den größten Teil unserer Einnahmen im internationalen Handel aus, und unsere Politiker lehnen es ab, gegen den Klimawandel vorzugehen, obwohl die Situation immer brenzliger wird. Wir sollten uns darauf konzentrieren, Australien zum internationalen Vorreiter in grüner Energie und Nachhaltigkeit zu machen. Australien muss mit gutem Beispiel vorangehen, dann kann die restliche Welt folgen.

Vor allem müssen wir alle zwei Dinge tun. Erstens müssen wir mithelfen. Handelt verantwortungsvoll! Schränkt euren CO_2-Ausstoß ein, wo immer es möglich ist – egal, ob ihr weniger Strom verbraucht, energieeffiziente Transportmittel wie das Fahrrad oder den öffentlichen Personennahverkehr benutzt oder klimaschädliche Lebensmittel von eurem Speiseplan streicht. Zweitens müssen wir die Menschen bei diesem Thema erziehen. Zeigt ihnen, wie sie dazu beitragen können, unsere Belastungen für das Klima zu reduzieren. Nur wenn wir zusammenarbeiten, erschaffen wir eine Bewegung, die Veränderungen herbeiführt und den Wandel bewirkt, der für eine nachhaltige Zukunft nötig ist.

Wenn die globale Erwärmung auf 1,5 Grad Celsius beschränkt bleibt, könnte das Great Barrier Reef überleben. Wenn sie jedoch 2 Grad Celsius überschreitet, sterben, so befürchten die meisten Wissenschaftler, 99 Prozent aller Korallen der Welt.

Wir müssen unsere Pflicht tun und unseren Beitrag leisten. Bitte führt uns sicher ins kommende Zeitalter und vergesst niemanden, wenn ihr die nächsten Schritte unternehmt.

Lourdes Faith Auhura Parehuia, 18 Jahre, Neuseeland

Die Leute machen sich Sorgen um ihren Arbeitsplatz und ihre wirtschaftliche Sicherheit. Aber beides wird auf lange Sicht nicht sicher sein, wenn wir die Umwelt jetzt nicht schützen.

Freya May Mimosa Brown, 17 Jahre, Australien

FÜHRUNG EURES LANDES GERN SAGEN?

Die Industrieländer beuten den
pazifischen Raum aus. Unsere
Politiker müssen sich dem
widersetzen und sagen:
Das Maß ist voll!
Sie müssen unsere Ozeane
und unsere Ressourcen schützen.

Komal Narayan, 27 Jahre, Fidschi

MADELEINE KEITILANI
ELCESTE LAVEMAI

22 Jahre
TONGA

Im Februar 2018 traf der Zyklon Gita den Inselstaat Tonga. Es war die zerstörerischste Naturkatastrophe, die das Land je erlebt hat. Der Zyklon der Kategorie 4 bis 5 zerstörte viele Gebäude und Wohnungen, darunter auch das Haus meiner Großmutter.

Ich habe Naturkatastrophen wie den Zyklon Gita erlebt und gesehen, wie schwer er das Land getroffen hat. Daher weiß ich, dass es weitere Zyklone mit noch schlimmeren Folgen für die Menschen und Ortschaften in Tonga geben könnte. Als ich an einem der kleinen bäuerlichen Orte vorbeifuhr, fiel mir auf, wie das Meer immer näher an die Straßen heranrückt. Es wird weiter steigen und die Häuser und Lebensgrundlagen der Menschen gefährden.

Die Appelle der Pazifikinsulaner werden von denen der Aktivisten in reicheren und mächtigeren Ländern übertönt. Uns fehlen zudem die Mittel, die nötig sind, um unsere Umweltbewegung am Laufen zu halten und unsere Botschaft unter die Leute zu bringen. Zu Beginn meines Engagements waren viele Aktivisten auf ihr eigenes Geld und auf finanzielle Unterstützung von ihren Familien angewiesen.

Die Regierung sollte eine Plattform für junge und ältere Aktivisten zur Verfügung stellen, damit unsere Stimmen verstärkt werden und mehr Gehör finden. Ich finde, die Politiker sollten einer Herangehensweise von der Basis her oberste Priorität einräumen. Dazu könnte auch gehören, dass man Workshops für interessierte Menschen ermöglicht, Verbrauchsartikel aus Plastik verbietet und die Menschen anregt, ein nachhaltigeres Leben zu führen. 2018 hat die Regierung des Inselstaates Vanuatu Mut gezeigt und den Gebrauch von Einweg-Plastik verboten – und das ganze Land hat diese Maßnahmen unterstützt. Tonga sollte das Gleiche tun.

Die Regierung sollte das Volk bei ihren Planungen für mehr Umweltschutz nicht außen vor lassen. In dieser Klimakrise spielt jeder Mensch eine Rolle, und die politische Führung sollte den notwendigen Raum dazu schaffen.

FREYA MAY MIMOSA BROWN

17 Jahre
AUSTRALIEN

Ich habe unglaubliches Glück, dass meine Eltern mein Engagement so unterstützen. Sie haben in mir die Liebe zum Lernen gefördert, die Sorge um die Umwelt und die Kraft, für das einzutreten, woran ich glaube; sie haben meine Arbeit wirklich sehr stark positiv beeinflusst. Im vergangenen Jahr war es eine Herausforderung, den Aktivismus und die Schule, Sport, Familie und Freunde unter einen Hut zu kriegen. Meine Eltern haben mir geholfen, hier ein gutes Gleichgewicht zu finden.

Die Umwelt hat mir schon immer sehr am Herzen gelegen. Als Heranwachsende begriff ich allmählich immer mehr, wie ernsthaft die Krise ist, der wir gegenüberstehen. Über Jahre hinweg bin ich auf vielen Protestveranstaltungen gewesen und habe viele Petitionen unterschrieben, aber ich wollte mehr tun. Anfang 2019 hörte ich von einem Sommerprogramm für all jene, die in Sachen Klimaschutz vorangehen wollten. Es war ein zweitägiges Sommerlager zur Einführung in den Jugend-Umweltaktivismus. Danach trat ich dem Team von »Melbourne School Strike 4 Climate« bei.

Wir sind Teil der größeren Bewegung »School Strike 4 Climate Australia« und setzen uns bei unserer Regierung für mehr Klimaschutz ein. Wir haben drei Forderungen:

1. Keine neuen Projekte in den Bereichen Kohle, Öl und Gas, dazu gehört auch die Adani-Mine, ein umstrittenes Kohlebergbauprojekt.
2. 100 Prozent erneuerbare Energie und Energieexporte bis zum Jahr 2030.
3. Die Gründung eines gerechten Übergangs- und Stellenschaffungsprogramms für alle Arbeiter und Gemeinden im Bereich fossile Brennstoffe.

Besonders am Herzen liegen mir eine Form der Nachhaltigkeit, die Fragen von Umwelt und Wirtschaft miteinander verbindet, sowie das Thema Klimagerechtigkeit. Mit seiner indigenen Bevölkerung ist das für Australien besonders wichtig.

Wenn ich eine Sache an Australien ändern könnte, wäre es unsere Beziehung zur indigenen Bevölkerung. Ihre Vertreter sind die Ersten, die die schlimmsten Folgen der Krise zu spüren bekommen. Sie haben so viel Erfahrung und Wissen über das Land und darüber, wie man es pflegt, und wir könnten von ihnen so viel darüber lernen! Aber es gibt wenig bis gar keine Anerkennung, Respekt oder Unterstützung für indigene Kommunen. In Gesprächen mit indigenen Menschen war ich immer schockiert und traurig, wie ungeheuer stark sie die negativen Auswirkungen des Klimawandels zu spüren bekommen.

In Australien werden die Folgen des Klimawandels vor allem in Form von Trockenperioden und Buschfeuern spürbar, die verheerende Auswirkungen auf ländliche Gemeinden und Farmer haben. Außerdem sind wir derzeit sehr stark von der fossilen Brennstoffindustrie abhängig. Im Kampf gegen die Klimakrise stehen also viele Arbeitsplätze auf dem Spiel. Deshalb ist ein gerechter Wandel so wichtig.

Als wir mit der Familie auf einem Campingausflug waren und uns mit einem Farmer unterhielten, war das vielleicht der Augenblick, der mich am tiefsten erschüttert und bewegt und der mich sehr geprägt hat. Der Farmer sagte, wenn es innerhalb der kommenden Woche nicht regnen würde, würde er seine Lebensgrundlage verlieren. Auf dem Heimweg sahen wir, dass das Murray-Darling-Becken, Australiens größtes Flusssystem, fast vollkommen ausgetrocknet war. Wenn man in der Stadt lebt, ist es leicht, die Umweltproblematik von den Schicksalen einzelner Menschen abzukoppeln, die darunter leiden. Unterhaltungen wie diese sind sehr wichtig für mich, um mir den menschlichen Aspekt des Aktivismus immer wieder klar vor Augen zu führen.

Ich bin der Meinung, das Wichtigste ist es, dass wir hoffnungsvoll bleiben. Was uns bevorsteht, ist unglaublich schwierig – aber es ist nicht unmöglich. Wir müssen Hoffnung haben – Hoffnung ist unverzichtbar, denn sie treibt uns an, etwas zu verändern.

CARLON ZACKHRAS

19 Jahre
MARSHALLINSELN

Der Student Carlos Zackhras hielt die folgende Rede bei der UN-Kli-
makonferenz in Madrid am 9. Dezember 2019.

Iakwe und Grüße von den Marshallinseln.

Bevor ich nach Madrid kam, vor genau zwei Wochen, erlebte ich Wellen von fast fünf Meter Höhe, die zweihundert Menschen aus ihrem Zuhause vertrieben haben. Doch wir haben
auf den Marshallinseln nicht nur Überschwemmungen, wir
haben auch Epidemien: Dengue-Fieber und Grippe, und ich
weiß, dass unsere Nachbarn auf Samoa derzeit gegen die Ma-
sern kämpfen, die schon siebzig Menschen das Leben gekostet haben. Dreißig davon waren Kinder unter vier Jahren. All
diese Krankheiten stehen im Zusammenhang mit dem Klimawandel und werden durch ihn verschlimmert.

Man hat uns gesagt, wenn wir weiterhin auf unseren Inseln leben wollen, müssen wir uns anpassen und unsere Häuser anheben, eine Migration sei nur Plan B. Wir müssen uns
mit Problemen herumschlagen, die wir nicht geschaffen ha-

ben. Darf ich Sie daran erinnern, dass der Beitrag der Marshallinseln zum Klimawandel gerade einmal 0,00001 Prozent der weltweiten CO_2-Emissionen beträgt? Meine Heimat liegt bloß zwei Meter über dem Meeresspiegel. Mit der Bedrohungen durch den Klimawandel könnten wir zwei Meter unserer Kultur verlieren, unser *manit*, unser *iakwe*, unser *roro*, unser *biit* – zwei Meter unserer Sprache, zwei Meter unserer Sagen.

Deshalb haben wir eine Landesgruppe der »Youth Leaders Coalition« ins Leben gerufen, die es jungen Menschen ermöglicht, innovative Ideen zu entwickeln, wie man sich dem Klimawandel anpassen könnte, und mit diesen Ideen an unsere politische Führung heranzutreten. Ein Team von Studenten hat neuartige Konstruktionen für Deiche entwickelt, an denen unser Umweltminister David Paul bereits Interesse gezeigt hat. Das zeigt doch, dass unsere Jugend viel stärker involviert sein sollte. Wenn man Probleme hat, findet man neue Lösungen dafür. Und das haben unsere jungen Leute gerade getan.

Genau deshalb bin ich hier: um unsere Jugend und ihre Ideen zu repräsentieren. Um ein Teil der Generation zu sein, die den Kampf gegen den Klimawandel zu Ende bringt. Um Ihnen die Zukunft zu beschreiben, vor der die Marshallinseln stehen. Um Ihnen zu erzählen, dass wir unsere zwei Meter nicht verlieren wollen.

ÜBER DAS BUCH

Die Welt liebt Helden, aber es gibt grundsätzlich viel mehr Helden als jene Handvoll, denen die Aufmerksamkeit zuteilwird. Dieses Buch begann als Essay zu genau diesem Thema. Er wurde im September 2019 im Internetportal *Quartz* veröffentlicht, wo ich als leitender Reporter für das Thema Klimawandel zuständig war. Georgina Laycock, die Verlegerin des John-Murray-Verlags, bat mich, eine Möglichkeit zu finden, auch über die anderen Helden zu berichten.

Mit diesem Buch liegt nun das Ergebnis vor. Zunächst wollten wir die Geschichten von möglichst vielen jungen Klima-Aktivisten aus möglichst vielen Ländern und mit möglichst unterschiedlichen Hintergründen und Erfahrungen versammeln. Gemeinsam mit Abigail Scruby, Lektorin bei John Murray, stellte ich eine Liste von beinahe zweihundert Aktivisten aus mehr als hundert Ländern zusammen und schrieb sie an.

Die Instagram-Generation enttäuschte nicht. Ich erhielt viel mehr Antworten, als ich erwartet hatte, und sie kamen früher als gedacht. Alle diese Helden kämpfen für dieselbe Sache, aber ich hoffe, das Buch kann zeigen, dass sie viele unterschiedliche Gründe haben, gegen die Ungerechtigkeiten zu protestieren, die durch den Klimawandel entstehen. Die Geschlossenheit im Unterschiedlichen verleiht der Umweltbewegung Stärke und Schwung.

Akshat Rathi

ANMERKUNGEN

ASIEN

Informationen, Seite 24
einer von sieben Menschen in Bangladesch: »Climate displacement in Bangladesh«, Environmental Justice Foundation (2020), https://ejfoundation.org/reports/climate-displacement-in-bangladesh

mehr als 640 Millionen Menschen: Amit Prakash, »Boiling Point«, Finance & Development, Band 55, Nr. 3 (September 2018), https://www.imf.org/external/pubs/ft/fandd/2018/09/southeast-asia-climate-change-and-greenhouse-gas-emissions-prakash.htm

Zwischen 1998 und 2012: Ellen Gray, »NASA finds drought in eastern Mediterranean worst of past 900 years«, NASA (1. März 2016), https://www.nasa.gov/feature/goddard/2016/nasa-finds-drought-in-eastern-mediterranean-worst-of-past-900-years

Mehr als eine Milliarde Menschen: »Reducing the Impacts of Climate Change«, WWF – World Wide Fund for Nature (2020), https://wwf.panda.org/knowledge_hub/where_we_work/eastern_himalaya/solutions2/climate_change_solutions/

Tatyana Sin, Seite 36
In der Nähe des Aralsees: Dene-Hern Chen, »The country that brought a sea back to life«, BBC Future (23. Juli 2018), https://www.bbc.com/future/article/20180719-how-kazakhstan-brought-the-aral-sea-back-to-life

Iman Dorri, Seite 45
Die USA haben kürzlich die Sanktionen gegen den Iran erneuert: »Six charts that show how hard US sanctions have hit Iran«, BBC News (9. Dezember 2019), https://www.bbc.co.uk/news/world-middle-east-48119109

Howey Ou, Seite 47
China hat den höchsten CO2-Ausstoß aller Länder der Welt: »China«, Climate Action Tracker (2. Dezember 2019) https://climateactiontracker.org/countries/china/

Liyana Yamin, Seite 56
100 000 vorzeitige Todesfälle: Leah Burrows, »Smoke from 2015 Indonesian fires may have caused 100,000 premature deaths«, Harvard John A. Paulson School of Engineering and Applied Sciences website (19. September 2016), https://www.seas.harvard.edu/news/2016/09/smoke-2015-indonesian-fires-may-have-caused-100000-premature-deaths

NORDAMERIKA

Informationen, Seite 66
Teile von Kanadas Nordpolarmeer: »Canada warming twice as fast as the rest of the world, report says«, BBC News (3. April 2019), https://www.bbc.co.uk/news/world-us-canada-47754189

Mehr als 140 Millionen Menschen: »Health Effects of Ozone and Particle Pollution«, American Lung Association (23. März 2020), http://www.stateoftheair.org/health-risks/

Fast alle wichtigen Städte der Karibik: »Can you imagine a Caribbean minus its beaches? It's not science fiction, it's climate change«, The World Bank (5. September 2014), https://www.worldbank.org/en/news/feature/2014/09/05/can-you-imagine-a-caribbean-minus-its-beaches-climate-change-sids

Extrem heiße Tage: »The Effects of Climate Change«, NASA (16. März 2020), https://climate.nasa.gov/effects/

Karel Lisbeth Miranda Mendoza, Seite 76
Er ermöglicht 3 Prozent des weltweiten Seehandels: »Climate change threatens the Panama Canal«, The Economist (21. September 2019), https://www.economist.com/the-americas/2019/09/21/climate-change-threatens-the-panama-canal

Mehr als 10 Prozent: »Panama economic outlook«, Focus Economics (17. März 2020), https://www.focus-economics. com/countries/panama

Anya Sastry, Seite 85
Durch die USA verlaufen mehr als 112 000 Kilometer Pipelines: Emily Moon, »After the latest leak in South Dakota, how safe are America's pipelines?«, *Pacific Standard* (24. November 2017), https://psmag.com/environment/how-safe-are-americas-pipelines

Cricket Guest, Seite 91
Die Métis sind eine von drei: »National Indigenous Peoples Day … by the numbers«, Statistics Canada (20. Juni 2018), https://www.statcan.gc.ca/eng/dai/smr08/2018/ smr08_225_2018

SÜDAMERIKA

Informationen, Seite 124
Der Amazonas-Regenwald […] absorbiert ein Viertel: Josh Gabbatiss, »Amazon carbon sink could be ›much less‹ due to lack of soil nutrients«, Carbon Brief: Clear on Climate (5. August 2019), https://www.carbonbrief.org/amazon-carbon-sink-could-be-much-less-due-to-lack-of-soil-nutrients

Mehr als 99 Prozent: Pool Aguilar León, »Climate Change and Health in South America«, Global Climate & Health Al-

liance (2018), http://climateandhealthalliance.org/resources/
impacts/climate-change-and-health-in-south-america/

98 Prozent der Andengletscher: Jonathan Moens, »Andes
Meltdown: New Insights Into Rapidly Retreating Glaciers«,
Yale Environment 360 (30. Januar 2020), https://e360.yale.edu/
features/andes-meltdown-new-insights-into-rapidly-retrea-
ting-glaciers

90 Prozent von Südamerika: Jorge Familiar, »Climate Change
Impacts in Latin America and the Caribbean: Confronting the
New Climate Normal«, The World Bank (2. Dezember 2014),
https://www.worldbank.org/en/news/speech/2014/12/02/
climate-change-impacts-in-latin-america-and-the-caribbean-
confronting-the-new-climate-normal

Daniela Torres Pérez, Seite 132
Um fast 30 Prozent: »Peruvian Glaciers Have Shrunk By 30
Percent Since 2000«, Yale Environment 360 (7. Oktober 2019),
https://e360.yale.edu/digest/peruvian-glaciers-have-shrunk-
by-30-percent-since-2000

Catarina Lorenzo, Seite 135
Pantanal-Sumpfland: »Brazil wildfires: Blaze advances across
Pantanal wetlands«, BBC News (1. November 2019),
https://www.bbc.co.uk/news/world-latin-america-50257684

EUROPA

Informationen, Seite 148
Hitzewellen [...] hundert Mal wahrscheinlicher: Daisy Dunne, »Climate change made Europe's 2019 record heatwave up to »100 times more likely««, Carbon Brief: Clear on Climate (2. August 2019), https://www.carbonbrief.org/climate-change-made-europes-2019-record-heatwave-up-to-hundred-times-more-likely

Dürren und schlechtere Ernten: Anouch Missirian und Wolfram Schlenker, »Asylum applications respond to temperature fluctuations«, Science, Band 358, Nr. 6370 (Dezember 2017), S. 1610–14, https://science.sciencemag.org/content/358/6370/1610

Waldbrände: Alice Tidey, »There have been three times more wildfires in the EU so far this year«, Euronews (15. August 2019), https://www.euronews.com/2019/08/15/there-have-been-three-times-more-wildfires-in-the-eu-so-far-this-year

Die Fläche der verbrannten Wälder: Marco Turco et al, »Exacerbated fires in Mediterranean Europe due to anthropogenic warming projected with non-stationary climate-fire models«, *Nature Communications*, Band 9, Nr. 3821 (2018), https://doi.org/10.1038/s41467-018-06358-z

Heftigere Regenfälle: »Infographic: how climate change is affecting Europe«, European Parliament News (20. September

2018), https://www.europarl.europa.eu/news/en/headlines/
society/20180905STO11945/infographic-how-climate-change-
is-affecting-europe

Raina Ivanova, Seite 163
Durch den Dokumentarfilm: Steven M. Quiring, »Science
and Hollywood: a discussion of the scientific accuracy of *An
Inconvenient Truth*«, *GeoJournal*, Band 70, Nr. 1–3 (September
2007), https://doi.org/10.1007/s10708-008-9128-x

Federica Gasbarro, Seite 167
Die Gründe sind Dürren: Anouch Missirian und Wolfram
Schlenker, »Asylum applications respond to temperature fluc-
tuations«, *Science*, Band 358, Nr. 6370 (Dezember 2017),
S. 1610–14, https://science.sciencemag.org/
content/358/6370/1610

Adrián Tóth, Seite 180
Plastik trägt [...] zu Treibhausgasemissionen bei: Sandra
Laville, »Single-use plastics a serious climate change hazard,
study warns«, The Guardian (15. Mai 2019), https://www.the-
guardian.com/environment/2019/may/15/single-use-plastics-
a-serious-climate-change-hazard-study-warns

AFRIKA

Informationen, Seite 182

Tschadseebecken: Will Ross, »Lake Chad: Can the vanishing lake be saved?«, BBC News (31. März 2018), https://www.bbc.co.uk/news/world-africa-43500314

werden weitere Dürren vorausgesagt: »Africa is particularly vulnerable to the expected impacts of global warming«, United Nations Fact Sheet on Climate Change (2006), https://unfccc.int/files/press/backgrounders/application/pdf/factsheet_africa.pdf

Erosionsraten: »West Africa's Coast: Losing Over $3.8 Billion a Year to Erosion, Flooding and Pollution«, The World Bank (14. März 2019), https://www.worldbank.org/en/region/afr/publication/west-africas-coast-losing-over-38-billion-a-year-to-erosion-flooding-and-pollution

auf dem afrikanischen Kontinent: Kiran Pandey, »195% more Africans affected due to extreme weather events in 2019«, Down to Earth (29. Dezember 2019), https://www.downtoearth.org.in/news/climate-change/195-more-africans-affected-due-to-extreme-weather-events-in-2019-68573

Toiwiya Hassane, Seite 208

Die gesamte Bevölkerung: »Addressing climate change in Comoros and Sao Tome and Principe«, United Nations Eco-

nomic Commission for Africa (4. September 2014), https://
www.uneca.org/stories/addressing-climate-change-comoros-
and-sao-tome-and-principe [nicht mehr aktiv]

Koku Klutse, Seite 211
Verschmutzung der Innenraumluft: »Household air pollution and health«, World Health Organisation (8. Mai 2018),
https://www.who.int/news-room/fact-sheets/detail/
household-air-pollution-and-health

Tsiry Nantenaina Randrianavelo, Seite 213
der Klimawandel bedroht: »25% of Madagascar's species
threatened by climate change«, WWF – World Wide Fund for
Nature (15. März 2018), https://wwf.panda.org/?325358/25-des-
especes-de-Madagascar-menacees-dextinction-par-le-
changement-climatique

Delphin Kaze, Seite 221
Neun von zehn Burundiern: Ministerium für auswärtige
Angelegenheiten der Niederlande, »Climate change profile:
Burundi«, offizieller Bericht (April 2018), https://reliefweb.int/
sites/reliefweb.int/files/resources/Burundi_1.pdf

ANTARKTIS

Informationen, Seite 230

Erwärmen sich drei Mal so schnell: Louisa Casson, »What does climate change mean for the Antarctic?«, Greenpeace (8. Oktober 2018), https://www.greenpeace.org.uk/news/what-climate-change-means-for-the-antarctic/

Die Antarktisgletscher verlieren schneller an Eis: Diana Madson, »Are Antarctica's glaciers losing or gaining ice?«, Yale Climate Connections (8. August 2018), https://www.yaleclimateconnections.org/2018/08/are-antarcticas-glaciers-losing-or-gaining-ice/

Kaiserpinguine: »Whales, penguins and krill feel the heat in Antarctica«, WWF – World Wide Fund for Nature (21. Oktober 2019), https://www.wwf.org.au/news/news/2019/whales-penguins-and-krill-feeling-the-heat-in-antarctica#gs.vmxxvr

Krill: Institute for Marine and Antarctic Studies, »More than just whale food: krill's influence on carbon dioxide and global climate«, Phys.org (18. Oktober 2019), https://phys.org/news/2019-10-whale-food-krill-carbon-dioxide.html

Überfischung: »Overfishing«, Discovering Antarctica, https://discoveringantarctica.org.uk/challenges/sustainability/overfishing/

AUSTRALIEN UND OZEANIEN

Informationen, Seite 242
2019 erlebte Australien die heftigsten Buschbrände: »Media reaction: Australia's bushfires and climate change«, Carbon brief: Clear on Climate (7. Januar 2020), https://www.carbonbrief.org/media-reaction-australias-bushfires-and-climate-change

Im westlichen Pazifik: Alice Klein, »Eight low-lying Pacific islands swallowed whole by rising seas«, *New Scientist* (7. September 2017), https://www.newscientist.com/article/2146594-eight-low-lying-pacific-islands-swallowed-whole-by-rising-seas/

Küstenerosion: »How Fiji is Affected by Climate Change«, Homepage zur COP23-Präsidentschaft, https://cop23.com.fj/fiji-and-the-pacific/how-fiji-is-affected-by-climate-change/

Zwei Drittel der Bevölkerung von Neuseeland: »Flooding«, Royal Society of New Zealand/Te Apārangi, https://www.royalsociety.org.nz/what-we-do/our-expert-advice/all-expert-advice-papers/climate-change-implications-for-new-zealand/key-risks/flooding/

Alexander Whitebrook, Seite 250
Australien ist der trockenste von allen bewohnten Kontinenten: »Deserts«, Geoscience Australia (2020), https://www.

ga.gov.au/scientific-topics/national-location-information/
landforms/deserts

Kailash Cook, Seite 257
Wenn die globale Erwärmung: National Oceanic and Atmo-
spheric Administration (NOAA), US Department of Commer-
ce, »Four-month Coral Bleaching Outlook«, Coral Reef Watch,
https://coralreefwatch.noaa.gov/satellite/bleachingoutlook_
cfs/outlook_cfs.php

NÜTZLICHE QUELLEN

Auf gewisse Weise ist der Klimawandel ein ganz einfaches Phänomen: Durch die Verbrennung fossiler Energieträger steigt die Menge an Treibhausgasen in unserer Atmosphäre und damit auch die weltweite Durchschnittstemperatur. Aber was infolge dieser Erwärmung geschieht, ist nicht immer leicht vorherzusagen.

Ähnlich einfach verhält es sich mit der Bekämpfung des Klimawandels: Wir müssen nur die Menge an Treibhausgasen reduzieren, die wir in die Atmosphäre ausstoßen. Aber weil so viele Bereiche unseres Lebens nach wie vor von fossilen Brennstoffen abhängig sind, gestaltet sich die Abkehr von ihnen schwierig.

Im Folgenden findet ihr eine ausgewählte Liste mit Quellen, die Informationen über Klimawissenschaften bieten. Ebenfalls aufgeführt sind Hilfsorganisationen, die gegen den Klimawandel kämpfen, Organisationen, die sich mit Möglichkeiten der Klimakompensation beschäftigen, und Gruppierungen von Aktivisten, die auf Wandel drängen.

WISSENSCHAFT

- Forschung zum Weltklimawandel bei der Nationalen Luft- und Raumfahrtbehörde (NASA) unter https://climate.nasa.gov/
- Forschung zu Klimawandel und Energiefragen der NGO »Climate Central« unter www.climatecentral.org
- Informationen des Weltklimarats unter www.ipcc.ch

HILFSORGANISATIONEN GEGEN DEN KLIMAWANDEL

- »Coalition for Rainforest Nations«, Bündnis von tropischen Ländern zum Schutz des Regenwaldes und für wirtschaftliche Entwicklung unter www.rainforestcoalition.org
- »Ocean Conservancy«, Gruppierung zur Ausarbeitung politischer Richtlinien für den Schutz der Meere unter www.oceanconservancy.org
- »Project Drawdown«, Organisation zur Abmilderung des Klimawandels unter www.drawdown.org

KLIMAKOMPENSATION

- Plattform der Vereinten Nationen für Emissionsausgleich unter offset.climateneutralnow.org
- »Cool Effect« unter www.cooleffect.org
- Gold-Standard-Zertifizierungsprogramm unter www.goldstandard.org

AKTIVISMUS

- »Fridays for Future« unter www.fridaysforfuture.org
- »350.org« unter www.350.org
- »Extinction Rebellion« unter www.rebellion.earth

DANKSAGUNG

Dieses Buch wäre ohne die tatkräftige Unterstützung vieler Menschen nicht zustande gekommen. Georgina Laycock hatte die Idee dazu und ermunterte mich, sie zu verwirklichen. Abigail Scruby half mir als Lektorin bei den vielen kleinen Problemen, die sich im Laufe der Arbeit an diesem schwierigen Puzzlespiel stellten. Mein Agent Jonathan Conway unterstützte mich ebenfalls, während ich mich durch die vielen komplizierten Probleme kämpfte, die im Verlauf des Veröffentlichungsprozesses auftraten. Und meine Frau Deeksha gab mir die Kraft, lange Zeit hindurch ohne Pause zu arbeiten.

Doch am meisten danke ich den vielen jungen Aktivisten (und deren Eltern) für die Erlaubnis, ihre Geschichten einer breiteren Öffentlichkeit zugänglich zu machen. In der folgenden langen Liste ist jeder aufgeführt, der mir seine Geschichte geschickt hat. Leider konnten wir nicht alle Beiträge abdrucken.

Akshat Rathi

Aditya Mukarji

Adrián Tóth

Agim Mazreku

Akari Tomita

Alberto Barrantes Ceciliano

Albrecht Arthur N. Arevalo

Alexander Whitebrook

Alexandros Nicolaou

Anna Taylor

Anya Sastry

Arpan Patel

Ashley Torres

Ayakha Melithafa

Boubacar Mahamadou
  Maiga

Brandon Nguyen

Brishti Chanda

Carlon Zackhras

Catarina Lorenzo

Cecilia La Rose

Chiara Sacchi

Côme Girschig

Cricket Guest

Daniela Torres Pérez

Delphin Kaze

Dilangez Azizmamadova

Elijah McKenzie-Jackson

Elizabeth Wanjiru Wathuti

Emma-Jane Burian

Emmanuel Lobijo Josto Eka

Eva Astrid Jones

Eyal Weintraub

Federica Gasbarro

Freya May Mimosa
  Brown

Gilberto Cyril Morishaw

Holly Gillibrand

Howey Ou

Htet Myet Min Tun

Iman Dorri

Iryna Ponedelnik

Jamie Margolin

Jeremy Raguain

Jiaxin Zhao

João Henrique Alves
  Cerqueira

John Paul Jose

Juan José Martín-Bravo

Kailash Cook

Kaluki Paul Mutuku

Karel Lisbeth Miranda
  Mendoza

Khadija Usher

Koku Klutse

Komal Narayan

Laura Lock

Lesein Mathenge Mutunkei
Lia Harel
Lilith Electra Platt
Liyana Yamin
Lourdes Faith Auhura
  Parehuia
Lucie Smolkova
Mackenzie Feldman
Madeleine Keitilani Elceste
  Lavemai
Maja Starosta
Mareeka Dookie
Maryam Kharusi
Nadine Clopton
Nasreen Sayed
Nche Tala Aghanwi
Ndéye Marie Aïda
  Ndieguene
Nijat Eldarov
Octavia Shay
  Muñoz-Barton
Payton Mitchell

Pierre Garcia
Pramisha Thapaliya
Raina Ivanova
Raslen Jbeli
Ricardo Andres Pineda
  Guzman
Rimante Balsiunaite
Ruby Sampson
Santiago Aldana
Sebenele Rodney Carval
Shannon Lisa
Stamatis Psaroudakis
Tafadzwa Chando
Tatyana Sin
Theresa Rose Sebastian
Toiwiya Hassane
Tsiry Nantenaina
  Randrianavelo
Vania Santoso
Vishnu P R
Vivianne Roc
Zoe Buckley Lennox

ÜBER DIE BEITRÄGER

Aditya Mukarji (16), Schüler aus Indien, begann sich Anfang 2018 gegen den Gebrauch von Einmal-Plastik zu engagieren. Mit seiner Kampagne #RefuseIfYouCannotReuse hat er seitdem dafür gesorgt, dass in der Gastronomie mehr als 26 Millionen Plastikstrohhalme und einige Millionen anderer Einweg-Plastikartikel nicht zum Einsatz kamen. 2019 wurde er zum UN-Jugendklimagipfel eingeladen.
Twitter: @AdityaMukarji

Htet Myet Min Tun (18) kommt aus Rangun, Myanmar, und hat dort am Institut für strategische und internationale Studien gearbeitet. An seiner Schule leitete er ein Umweltschutzprojekt und setzte sich auf lokaler Ebene ein, um die öffentliche Wahrnehmung des Klimawandels zu fördern. 2019 wurde er zum Jugendklimagipfel der UN eingeladen.
Website: htetmyetmintun.com
LinkedIn: linkedin.com/in/htetmyet-mintun

Tatyana Sin (26) stammt aus der Provinz Choresmien in Usbekistan. Sie hat vor Kurzem ihr Studium abgeschlossen und setzt sich dafür ein, das Bewusstsein für Umweltfragen zu schärfen. Zuvor hat sie im Taschkenter Büro der UNESCO und für das Programm für kleine Zuschüsse der Globalen Umweltfazilität gearbeitet.

Iman Dorri (28), Umweltingenieur aus dem Iran, beschäftigt sich mit nachhaltiger Entwicklung. Er hat seinen Master als Bau- und Umweltingenieur an der Amirkabir-Universität für Technologie in Teheran gemacht und arbeitet für das Nachhaltigkeitskeitsbüro der Universität.
Instagram: @imandorri
LinkedIn: linkedin.com/in/iman-dorri-714844135/

Howey Ou (17), Veganerin und Klimaaktivistin, tritt für Klimaschutz in China ein. Sie hat die Bewegung #PlantForSurvival gegründet und ist allein und ohne finanzielle Unterstützung quer durch China gereist, hat vor Regierungsgebäuden protestiert und NGOs besucht, die sich mit Klima- und Umweltschutzfragen beschäftigen.
Twitter: @Howey_Ou

Theresa Rose Sebastian (16), Schülerin, lebt in Irland, hat verschiedene Protestaktionen organisiert und fordert, dass endlich Maßnahmen gegen den Klimawandel ergriffen werden. Sie hat als Rednerin an Konferenzen und Streiks teilgenommen und engagiert sich leidenschaftlich dafür, dass auch die Stimmen von Menschen aus dem globalen Süden Gehör finden.

Nasreen Sayed (27) stammt aus Afghanistan und lebt in den USA. Sie hat ihren Master in Umwelttechnologie am Imperial College in London gemacht und arbeitet im Bereich Umweltschutz, derzeit bei der Local Government Commission, die durch nachhaltige Projekte und Strategien die Resilienz von Kommunen stärkt.
Facebook: /Nasreen.sayed.1460

Liyana Yamin (27) promoviert an der National-Taiwan-Ocean-Universität. Sie ist aktives Mitglied der malaysischen Jugenddelegation, der einzigen von jungen Menschen geführten Organisation in Malaysia, die sich der Politik zum Klimawandel verschrieben hat.

Albrecht Arthur N. Arevalo (26) ist ein philippinischer Jugendbetreuer, der mit Nichtregierungsorganisationen, Glaubensgemeinschaften und der Regierung zusammenarbeitet. Er setzt sich für die Ziele der Vereinten Nationen zur nachhaltigen Entwicklung ein und ist überzeugt, dass die Zusammenarbeit in Gemeinschaftsprojekten wirksam ist und Früchte trägt.
Facebook: /Albrecht.arevalo
Instagram: @brexarevalo

Akari Tomita (16), Schülerin, lebt in den USA und setzt sich für eine aktive Einbeziehung der Jugend bei Klimaschutzfragen und für Zero Waste ein. Sie ist Mitglied im Umweltclub ihrer Schule und hat als Diskussionsteilnehmerin an einer

Besprechung zum Thema »Nachhaltigkeit« der UN teilgenommen.

Cecilia La Rose (16), Schülerin aus Kanada, besucht und organisiert Proteste. Sie hat mit Lokalpolitikern ihrer Stadt über
die Klimakrise diskutiert und vor Kurzem mit einigen anderen Aktivisten eine Klage gegen die kanadische Regierung
wegen deren Untätigkeit und deren Beitrags zur Klimakrise angestrengt.

Karel Lisbeth Miranda Mendoza (27), Biologin, Wortführerin und Klimaaktivistin aus Panama, ist Gründungsmit-
glied der Organisation »Youth Against Climate Change in
Panama« und derzeit dessen stellvertretende Vorstandsvor-
sitzende.
Twitter: @karell_lissy

Emma-Jane Burian (18) aus Kanada besucht die zwölfte Klasse,
ist Klimaaktivistin und wurde 2020 mit dem »Victoria Leadership Award« ausgezeichnet. Sie organisiert globale und monat-
liche Klimastreiks für »Our Earth«, »Our Future on the beautiful
homelands of the Lekwungen« und die indigenen WSÁNEĆ-
Völker in Victoria im kanadischen Bundesstaat British Columbia. Sie setzt sich leidenschaftlich für Klimagerechtigkeit ein und
will junge Menschen in die Politik bringen, um resiliente und
starke Gemeinschaften für eine bessere Welt aufzubauen.
Instagram: @emmajanevictoria
Twitter: @EJburian

Anya Sastry (18) ist Schülerin aus Illinois, USA. Ihre Projekte zielen darauf ab, dass Politiker keine Gelder aus dem Bereich fossile Energien annehmen. Sie engagiert sich gegen die Errichtung weiterer Infrastruktur für fossile Energieträger und setzt sich dafür ein, dass Gesetze aus dem »Green New Deal« durch den Kongress kommen. Sie hat regionale und landesweite Proteste zum US-Jugendklimastreik koordiniert und wurde zum Jugendklimagipfel der UN eingeladen.

Ricardo Andres Pineda Guzman (22) aus Honduras ist Befürworter einer nachhaltigen Entwicklung und Vorkämpfer für eine Reduzierung des CO_2-Austoßes. Er arbeitet mit Regierungsbeamten zusammen, um Klimaschutz mit einer umfassenden grünen Finanzwirtschaft zu verbinden, sodass die Folgen des Klimawandels für Honduras, das allgemein als das Land der Welt angesehen wird, das am stärksten vom Klimawandel bedroht ist, abgemildert und dort zugleich Möglichkeiten für Wachstum und Entwicklung geschaffen werden können.

Instagram: @ricardopineda1

LinkedIn: linkedin.com/in/ricardopinedaguzman

Cricket Guest (22) ist Filmemacherin, Schauspielerin und Aktivistin. Sie arbeitet mit »Climate Strike Canada« zusammen, ist die indigene Kontaktperson bei »Fridays for Future Toronto« und versucht, beim Thema Klimakrise indigenen Stimmen Gehör zu verschaffen.

Lia Harel (19) aus Minnesota, USA, hat sich für Umweltschutzmaßnahmen starkgemacht und mitgeholfen, diese auf lokaler, regionaler und nationaler Ebene festzulegen. Heute studiert sie am Claremont McKenna College in Kalifornien Umwelt, Wirtschaft und Politik.
Facebook: /lia.harel.7
Instagram: @lia_harel

Shannon Lisa (22) ist »Chemie-Detektivin« aus New Jersey, USA, und leitet die Programmarbeit bei der Non-Profit-Organisation »Edison Wetlands Association«, die die Auswirkungen der Entsorgung von chemischen Schadstoffen in Orten im Bundesstaat Indiana und anderswo untersucht. 2019 war sie eine von sechs Preisträgern des »Brower Environmental Youth Award«.

Khadija Usher (26) ist Wissenschaftlerin am Institut für sozioökologische Energiewissenschaften an der Graduate School of Energy Science bei der Kyoto-Universität in Japan und forscht zum Umstieg auf nachhaltige Energien in kleinen Volkswirtschaften. Sie stammt aus Belize und hat dort nationale Projekte wie die »Planungen für Energie und Strategie 2035« geleitet.

Brandon Nguyen (20) ist Umweltaktivist und in Toronto, Kanada, aufgewachsen. Derzeit absolviert er sein Grundstudium an der Wharton School of Business der University of Pennsylvania. Er interessiert sich insbesondere für Fragen zur

Finanzierung des Klimaschutzes, urbane Nachhaltigkeit und Methoden zur Gewinnung erneuerbarer Energien.

Vivianne Roc (22) aus Haiti studiert dort Pharmazie. Sie ist Gründerin der Organisation »Plurielles«, die vor allem mit jungen Frauen und Mädchen arbeitet und sich für die Verbesserung des Gesundheitswesens in Verbindung mit dem Schutz der Umwelt einsetzt.

Octavia Shay Muñoz-Barton (16) ist Schülerin und Mitglied von »Heirs To Our Oceans«, einer weltweiten Organisation, die für Umweltgerechtigkeit kämpft und es sich zur Aufgabe gemacht hat, Ozeane und Wasserwege zu schützen. Es ist eine globale Jugendbewegung, die starke und mitfühlende Führungspersönlichkeiten hervorbringt.

Payton Mitchell (21), Studentin und Klimaaktivistin, half den »Climate Strike Canada« zu organisieren und nahm teil am #NoFutureNoChildren-Gelöbnis von Emma Lim. Zurzeit arbeitet sie mit »CEVES« zusammen, der Québecer Studentenvereinigung, um Studenten auch außerhalb von Québec für das Netzwerk anzuwerben.

Ashley Torres (23) aus Kanada ist Studentin und Sprecherin der studentischen Umweltbewegung von Québec. Sie engagiert sich gegen Projekte, die auf fossilen Brennstoffen basieren, und für Umweltgerechtigkeit gegenüber indigenen Gemeinschaften.

Eyal Weintraub (20), Student aus Argentinien, ist einer der Gründer von »Jóvenes Por El Clima Argentina« (JOCA), die sich zur größten jugendlichen Klimabewegung Argentiniens entwickelt hat.

Daniela Torres Pérez (18) ist Mitbegründerin des »UK Student Climate Network« (UKSCN). 2019 erschien ein Beitrag von ihr im Buch *Letters to the Earth: Writing to a Planet in Crisis.*

Catarina Lorenzo (13), Schülerin aus Salvador, Brasilien, ist eines von sechzehn Kindern, die beim UN-Ausschuss für die Rechte des Kindes Beschwerde eingereicht haben, um dagegen zu protestieren, dass ihre Regierung nichts gegen die Klimakrise unternimmt.

Juan José Martín-Bravo (24) ist ein chilenischer Umweltschützer, der sich der Verbindung von Nachhaltigkeit und Unternehmertum verschrieben hat. Er hat »Cverde« mitbegründet, eine Nichtregierungsorganisation für Umweltfragen, die er auch leitet. Bei der UN-Klimakonferenz 2019 war er der erste junge Verhandlungsführer für Chile und wurde zum Hauptkoordinator für die COY15 (Conference of Youth 15) ernannt, eine globale Konferenz unter der UNFCCC, der Klimarahmenkonvention der Vereinten Nationen – und das alles, während er Luft- und Raumfahrttechnik studierte.
Instagram: @juanjo.martinb
Twitter: @JuanjoMartinb

João Henrique Alves Cerqueira (27) aus Brasilien studiert Umweltingenieurwesen. Er hat die »Curitiba climate coalition« gegründet und leitet ein Projekt, bei dem Leute mit dem Fahrrad umherreisen und sammeln, was die Menschen an vorderster Front der Klimakrise, insbesondere in traditionellen und indigenen Gemeinschaften, zu erzählen haben. *Instagram: @joaohencer*

Gilberto Cyril Morishaw (25), in Curaçao geboren, studiert und lebt derzeit in den Niederlanden. 2019 rief er im Auftrag des holländischen Landwirtschaftsministeriums einen Thinktank zum Thema »Ernährungssicherheit in der Niederländischen Karibik« ins Leben. Er ist Botschafter für das »Caribbean Pacific Young Professionals Network«, wo er sich mit der Bekämpfung von Ungleichheit beschäftigt.

Holly Gillibrand (15), Schülerin aus Schottland, ist Freiwillige bei »OneKind«, setzt sich für Renaturierung ein und ist Jugendbotschafterin für »Scotland: The Big Picture«. *Twitter: @HollyWildChild*

Stamatis Psaroudakis (22), Student aus Griechenland, setzt sich insbesondere gegen intersektionale Ungleichheit der LGBTQIA+ und Fremdenfeindlichkeit sowie für die Schaffung von Umweltbewusstsein ein. Er wurde zum Jugenddialog der EU für den Workshop »Bekämpfung des Klimawandels« eingeladen und nahm 2019 am Jugendklimagipfel der UN teil.

Lilith Electra Platt (11) ist eine internationale Vorkämpferin für die Umwelt. Sie gilt als eine der hundert wichtigsten Influencer, die sich gegen die Verschmutzung durch Plastik engagieren. Lilly ist Jugendbotschafterin der »Plastic Pollution Coalition«, von »YouthMundus« und »WODI«. Über ihre Social-Media-Kanäle schafft sie ein Bewusstsein für Umweltfragen wie die Verschmutzung durch Plastik und für den Klimawandel.
Instagram: @lillys_plastic_pickup
Twitter: @lillyspickup

Anna Taylor (19), Klimaaktivistin aus Großbritannien, gründete mit siebzehn das »UK Student Climate Network« und hilft seitdem als Teil der Bewegung »Fridays for Future«, die Jugendstreiks in Großbritannien und ganz Europa zu koordinieren. Im Zuge dessen übt sie Druck auf die Regierung aus, den Klimanotstand auszurufen, und setzt sich für das seelische Wohlergehen angesichts der Klimakrise ein.
Instagram: @anna.e.taylor
Twitter: @AnnaUKSCN

Raina Ivanova (15), Schülerin aus Deutschland, ist eines von sechzehn Kindern, die beim UN-Ausschuss für die Rechte des Kindes Beschwerde eingereicht haben, um dagegen zu protestieren, dass die internationalen Regierungen nichts gegen die Klimakrise unternehmen.

Federica Gasbarro (25) ist eine italienische Klimaaktivistin und Schriftstellerin. Sie studiert an der Universität Tor Ver-

gata in Rom Biowissenschaften und wurde 2019 zum Jugend-klimagipfel der UN eingeladen, um Italien zu repräsentieren.
Facebook: /Federica.gasbarro
Instagram: @federica_gasbarro

Laura Lock (18) ist eine Schülerin britisch-ungarischer Abstammung und lernt derzeit in Oxford für ihr »International Baccalaureate«. Nachdem sie an mehreren Klimastreiks teilgenommen hatte, konzentrierte sie sich auf die Rolle indigener Gruppen und junger Menschen im Zusammenhang mit dem Klima. Sie war für das »Centre for United Nations Constitutional Research« und die »ONE«-Kampagne als Jugendbotschafterin tätig.
Instagram: @laura.lock

Agim Mazreku (23) stammt aus dem Kosovo und studiert Klima- und Politikwissenschaften. Er setzt sich für eine gerechte und radikale Umstellung der Energiegewinnung auf erneuerbare und saubere Quellen ein.
LinkedIn: linkedin.com/in/agimmazreku

Adrián Tóth (30) ist Mitbegründer von »Plastic Free Plux« in Brüssel, einer Organisation, die versucht, den Gebrauch von Einweg-Plastikbechern in Brüssel abzuschaffen.
Instagram: @plasticfreeplux
Twitter: @plasticfreeplux

Kaluki Paul Mutuku (27) aus Kenia ist Klimaschützer und setzt sich für den Umweltschutz ein. Er hat an der Universität von Nairobi Umweltschutz und Management natürlicher Ressourcen studiert und mit der »African Youth Initiative on Climate Change« (AYICC), mit »350.org« und »A Rocha Kenya« gearbeitet. Er ist außerdem Koordinator vor Ort für die afrikanische UN-Gruppe »Youth4Nature«, eine weltweite Organisation von und für Jugendliche, die naturnahe Lösungen für Umweltschutzprobleme befürwortet.

Facebook: /PrincePaulh
Twitter: @KalukiPaul

Nche Tala Aghanwi (25) aus Kamerun ist Wissenschaftsdiplomat, Aktivist für nachhaltige Entwicklung und Politexperte. Er hat einen Master in Internationaler Zusammenarbeit, Entwicklungshilfe und nachhaltiger Entwicklung vom International Relations Institute of Cameroon (IRIC) und ist Gründer und Geschäftsführer des »Africa Science Diplomacy and Policy Network« (ASDPN).

Sebenele Rodney Carval (30) arbeitet als Projektkoordinator für Klimafinanzierung im Ministerium für Tourismus und Umweltangelegenheiten von Eswatini. Er hat einen Abschluss in Energietechnik und hat im Bereich nachhaltige Energie gearbeitet.

Facebook: /rodney.carval
Instagram: @rodneycarval

Jeremy Raguain (26) ist Projektverantwortlicher bei der »Seychelles Islands Foundation«. Er hat einen Bachelor of Social Science in Umweltgeografie und Internationale Beziehungen und ein weiteres Examen mit Auszeichnung im Fach Internationale Beziehungen von der Universität Kapstadt in Südafrika. Er ist einer der führenden jungen Leute bei der »Sustainable Ocean Alliance«, »Global Shaper« bei »Victoria Hub« sowie Regionalvorstand für Ostafrika beim »Climate and Environment Steering Committee« von »Global Shapers«.

Instagram: @turtlecommuter

Twitter: @mahesituated

Lesein Mathenge Mutunkei (16), Schüler aus Kenia, gründete »Trees for Goals«, eine Organisation, deren Ziel es ist, durch Fußball ein Bewusstsein für die Klimakrise zu wecken. »Trees for Goals« kämpft gegen die Abholzung in Afrika, indem für jedes geschossene Tor ein Baum gepflanzt wird.

Instagram: @trees4goals

Twitter: @trees4goals

Toiwiya Hassane (21) stammt von den Komoren, studiert Biologie und ist Mitglied des »Indian Ocean Climate Network«. Sie engagiert sich vor allem für grünes Unternehmertum und setzt sich für nachhaltige Landwirtschaft ein.

Koku Klutse (28), Umweltaktivist aus Togo, ist Geschäftsführer der »Jony Group«, einer Firma, die Biogas vertreibt. Sein Spezialgebiet ist die Energiewende.

Facebook: /jano.klutse

Tsiry Nantenaina Randrianavelo (28), Klimaaktivist aus Madagaskar, ist Gründer der Nichtregierungsorganisation »Move Up Madagascar«, die sich auf die Themen Jugend und Klima konzentriert. Er ist studierter Betriebswirt, Fachmann für bürgerschaftliches Engagement und Projektmanagement und hat beim UN-Jugendklimagipfel 2019 die madagassische Jugend vertreten.
Twitter: @tsr135

Ruby Sampson (14) ist eine südafrikanische Klimaaktivistin und Mitbegründerin der jugendgeführten Organisation »African Climate Alliance«. Sie ist zum ersten Mal mit den dramatischen Folgen des Klimawandels in Kontakt gekommen, als sie mit ihren Eltern in einem Lastwagen quer durch Afrika reiste (africaclockwise.wordpress.com). Seitdem kümmert sie sich um Klimabildung und baut in Afrika ein Netzwerk von Klimaaktivisten auf.
africanclimatealliance.org
Instagram: @africanclimatealliance

Tafadzwa Chando (23) aus Simbabwe ist als Jugend- und Umweltaktivist tätig, seit er vierzehn ist, und hat die »Magna Youth Action« gegründet.
Twitter: @tafaddwilliams

Delphin Kaze (25) ist Sozialunternehmer, Erneuerer und Klimaaktivist aus Burundi. Er hat einen Abschluss in Umweltwissenschaften (Klima und Biodiversität) von der Université

Polytechnique in Gitega und ist Gründer und Geschäftsführer des sozialen Unternehmens »KAZE Green Economy (KAGE) Ltd.«, das in Burundi saubere Energie zum Kochen bereitstellt.
Facebook: /delphin.kaze
Twitter: @kaze_delphin

Elizabeth Wanjiru Wathuti (24) ist eine kenianische Klimaaktivistin und Gründerin der »Green Generation Initiative«, deren Ziel es ist, schwierige globale Umweltprobleme anzupacken. Außerdem befasst sich die Initiative mit der Umwelterziehung junger Menschen. Wathuti erhielt 2019 von der »Eleven Eleven Twelve Foundation« den »Africa Green Person of the Year Award« und wurde bei den »Africa Youth Awards« als eine der »100 Most Influential Young Africans« angeführt.
Twitter: @lizwathuti

Ndéye Marie Aïda Ndieguene (24) aus Senegal ist Bauingenieurin, Klimaaktivistin, Schriftstellerin und Unternehmerin und baut aus recycelten Materialien Lagerräume für Farmer. Sie leitet Initiativen wie »Nawari«, eine Plattform, über die einheimische, in Afrika produzierte Bioprodukte vertrieben werden, und »Environnementalistes«, eine Gruppe von Umweltexperten, die Maßnahmen umsetzen, um gegen den Klimawandel im Senegal zu kämpfen.
Instagram: @a__senegalese_writer

Zoe Buckley Lennox (26), Klimaaktivistin aus Brisbane, Australien, hat jahrelang mit Greenpeace zusammengearbeitet und an Expeditionen in die Arktis und die Antarktis teilgenommen, um gegen Ölbohrungen und Krillfang zu protestieren.

Lourdes Faith Auhura Parehuia (18), Schülerin aus Auckland, Neuseeland, setzt sich für Umweltschutz und die Rechte der Indigenen ein und ist Kandidatin der »Green Party« für Manurewa, einen Stadtbezirk von Auckland.
Facebook: /lourdesfvano
Twitter: @lourdes_vano

Alexander Whitebrook (25) ist Aktivist für nachhaltiges Wassermanagement und Vorstandsmitglied im »World Youth Parliament for Water«. Er saß unter anderem im Führungskomitee des »Global Water Partnership« und hat die Unterorganisation der Vereinten Nationen UN-Wasser als Mitglied ihrer Expertengruppe für regionale Koordinierung beraten.

Komal Narayan (27), Klimaaktivistin, erhebt ihre Stimme für Fidschi und die pazifischen Inseln. Sie ist stellvertretende Koordinatorin bei »Alliance for Future Generations Fiji« und studiert Entwicklungsforschung mit Schwerpunkt klimabedingte Umsiedlung von Menschen auf den Fidschis. Sie war Inhaberin eines »Green Ticket« für den UN-Jugendklimagipfel und hat 2017 und 2019 sowohl an den UN-Klimakonferen-

zen als auch an den internationalen Jugendklimakonferen-
zen teilgenommen.

Facebook: /Komal.kumar.750331

Kailash Cook (17) geht in Australien auf die die Highschool
und engagiert sich leidenschaftlich für Korallenriffe und
maritime Ökosysteme. Er hat an Projekten teilgenommen,
die sich um die Verbesserung des Zustands von Riffen auf
der ganzen Welt kümmern, und hat auf Konferenzen For-
schungsergebnisse dazu präsentiert, darunter beim »Great
Barrier Reef Restoration Symposium« und bei »Plan for the
Planet Mauritius«.

Madeleine Keitilani Elceste Lavemai (22) ist Studentin und
Mitbegründerin von »Pacific Islands Students Fighting Climate Change« (PISFCC). Derzeit setzt sie sich für ein Verfahren
beim Internationalen Gerichtshof der Vereinten Nationen in
Den Haag hinsichtlich der Verletzung von Menschenrechten
der pazifischen Staaten durch den Klimawandel ein.

Twitter: @pisfcc

Freya May Mimosa Brown (17), Schülerin und Klimaaktivistin, hat 2019 die »Melbourne School Strikes for Climate«
angeführt. Zurzeit lernt sie im letzten Jahr für ihr »International Baccalaureate« und will eine berufliche Laufbahn in der
Klimaforschung einschlagen.

Facebook: /freyammbrown
Instagram: @freyamimosa

Carlon Zackhras (19) ist ein Student von den Marshallinseln. 2019 sprach er bei der UN-Klimakonferenz in Madrid über die Bedrohung, die der Klimawandel für seine Heimat darstellt.

Twitter: @thejajok

REGISTER

ÜBER DEN AUTOR

Akshat Rathi lebt in London und arbeitet als Journalist für Bloomberg News. Er berichtet über Menschen und ihre Ideen, um das größte Problem der Gegenwart zu lösen: den Klimawandel. Er promovierte in Organischer Chemie an der University of Oxford und hat einen Bachelor of Technology im Fach Chemieingenieurwesen, den er am Institute of Chemical Technology in Mumbai erlangte.

ZUR NACHHALTIGKEIT DIESER AUSGABE

Die Penguin Random House Verlagsgruppe hat die *Healthy Printing Charta* unterzeichnet und verpflichtet sich damit, daran zu arbeiten, dass alle Inhaltsstoffe und Materialien in den Kreislauf zurückkehren und weiter genutzt werden können. Das bedeutet beispielsweise, dass das Papier recycelt und die verwendeten Farben oder Leime rückstandslos entfernt werden können. Alle Materialien sind damit bestmöglich verträglich für Mensch und Natur.

Dieses Buch wurde auf einem Papier aus Zuckerrübenschnitzeln gedruckt, die bei der Ernte und Verarbeitung von Zuckerrüben anfallen. Die Produktion dieses Papiers benötigt weit weniger Holzfasern und Wasser als herkömmliches Druckpapier, und da es eine Art Abfallprodukt darstellt, werden keine zusätzlichen landwirtschaftlichen Flächen zum Anbau benötigt. Aufgrund der lokalen Beschaffung sind die Transportwege für die Produktion des Zuckerrübenpapiers erheblich kürzer. Dadurch werden die CO_2-Emissionen und wird die Partikelbildung signifikant reduziert. Wir verzichten bei dieser Ausgabe bewusst auf Schutzlack sowie Folieneinschweißung.

German Zero

> **»** *Die größte Bedrohung für unseren Planeten ist der Glaube, dass jemand anderes ihn retten wird.*
>
> **Robert Swan**
> Polarforscher und Umweltschützer

Die Klimaschutzorganisation GermanZero schreibt mit Vertreter:innen aus Wissenschaft, Wirtschaft und Zivilgesellschaft das erste wirksame Gesetzespaket für ein klimaneutrales Deutschland 2035. Unterstützt durch das ehrenamtliche Engagement tausender Menschen will GermanZero damit der Politik helfen, die Klimaziele des Pariser Klimaabkommens noch einzuhalten und die Zukunft künftiger Generationen zu schützen.

Deutschland schafft ein gutes Klima.
#GutesKlimaGesetz · www.germanzero.de